DVD付き

JN082048

1~5歳児がよろこぶ

保育ではじめて リトミック

神原雅之　伊藤仁美／著

チャイルド本社

・♪♩・ はじめに

　本書は、幼児と共にはじめてリトミックを楽しもうと考えておられるみなさまに向けて、その方法やアイデアを示したものです。

　ご存知の通り、幼児は年齢と共に著しい成長をみせてくれます。その幼児の成長は大人の適切なかかわりを必要としています。リトミックは、幼児の成長と発達（特に、聴くスキルや運動スキル）と深くかかわっています。リトミックでは、音楽の豊かさを味わうこと、そして子どもを温かく包み込むことを、特に大切にしたいと考えます。

　リトミックを創案したのは、エミール・ジャック＝ダルクローズ（1865〜1950；スイス）です。彼は、音楽学生の音楽性を獲得するために、従来の音楽教授法を見直し、音楽教育課程のなかに身体運動を導入しました。動くことは音楽の本質にふれることなのです。身体の動きは（学習者が）音楽をどのように聴いているのか、心のなかの様子を映し出しているのです。ダルクローズは、音楽学生を対象とした試行を、幼児にも適用してみました。すると、幼児の反応は顕著で、大人にみられた以上に効果的であることがわかったのです。つまり、リトミックの体験を通じて刺激された感性は、コミュニケーション能力にも影響を及ぼし、幼児の心の成長に大きな効果が認められたのです。

　幼児は一人の音楽する人として誕生します。幼児は私たちと共に生きる、一人ひとり個性をもった人なのです。私たちは、幼児の成長に寄り添い、音楽する瞬間を一緒に過ごしましょう。そして、音楽と動きによって生み出されるドラマティックな瞬間を共に楽しみましょう。

　本書作成の過程では、多くの方々のご協力を賜りました。本書執筆の貴重な機会を与えていただきましたチャイルド本社編集部の皆様、とりわけ西岡育子様、石山哲郎様には格別のご高配を賜りました。また、エディポックの山口誠様には遅々として進まない私どもの執筆を辛抱強く支えていただきました。このほかに多くの皆様のお力添えを賜りました。この場を通じて厚く御礼申し上げます。

神原雅之
伊藤仁美

もくじ

 **第1章　リトミックの基本**

リトミックの基本

**実践の
めあて**

第2章 7つの音楽的要素ではじめる リトミックプログラム

1 拍(ビート)と拍子

2 テンポとダイナミクス

第3章 やってみよう リトミック発表会

DVD コンテンツリスト

付属のDVDに収録した25のコンテンツのリストです。各テーマの中から、オリジナルの楽曲を使用したものや、映像で見るとわかりやすいものを中心に選びました。

1つのテーマで紹介しているあそびを、活動の順に収録しています。活動の流れがわかりやすいように、ひと続きで収録しているものもあります。同じ動きの繰り返しになる場合は、動画を途中で省略しています。

本に掲載している楽譜は、初心者の方にも弾きやすい伴奏にしていますので、DVDの演奏とは異なる場合があります。DVDの映像をご参考に、音楽的に奏でること、また音楽的な動きを意識してご活用ください。

音楽的要素	チャプター番号	テーマ	使用楽曲	掲載ページ	収録時間	収録内容
拍（ビート）と拍子	1	ビートになじむ	きらきらぼし	P28	2:06	あそび①、②、③
	2	3拍子のリズムを感じる	きのいい あひる	P42	1:26	あそび①、②、③、④、⑤
	3	拍のまとまりを感じる①	アルプス一万尺	P46	2:12	あそび①、②-1、②-2、③
テンポとダイナミクス	4	言葉と動きの重なりを楽しむ①	いないいないばあ	P60	1:23	あそび①、②、③
	5	ダイナミクスの違いを表現する	うさぎとかめ	P70	1:56	あそび①、②、③、④
リズムパターン	6	「ティティター」のリズムに親しむ	やまのポルカ	P86	1:14	あそび①、②
	7	「ターティティ」のリズムに親しむ	10人のインディアン	P90	2:15	あそび①、②
			狩人の踊り	P92		あそび③、④
フレーズ	8	フレーズを感じて動く	ガボット	P116	1:29	あそび①、②
	9	フレーズを聴き分けて表現する	『くるみ割り人形』より「行進曲」	P122	3:21	あそび①、②、③、④、⑤
ニュアンス	10	体の力を抜く	バスバスはしる	P128	1:02	あそび①
			氷が溶ける音楽			あそび②
	11	半音階に親しむ	おおスザンナ	P130	1:29	あそび①
			ゴロゴロ寝返りするときの音楽			あそび②
	12	動きの大きさの変化を楽しむ	スカーフをふわー	P134	2:36	あそび①、②
	13	さまざまな歩行を楽しむ	くまさん くまさん	P138	1:32	あそび①、②
音楽の形	14	補足リズムで遊ぶ	十五夜さんのもちつき	P152	0:52	あそび①〜⑥
	15	ポルカのリズムに親しむ	はたけのポルカ	P160	1:35	あそび①、②、③
ソルフェージュ	16	ピッチの違いを識別する	きらきらぼし	P164	1:32	あそび①
			高い音の音楽 / 低い音の音楽	P165		あそび②〜③
	17	ドの音を識別する	ドの音楽	P168	1:26	あそび①
			歩く音楽	P169		あそび②-1、②-2
	18	3音列（ミレド、ドレミ）を歌う	すいかの名産地	P172	1:26	あそび②、③
発表会	19	おおきなかぶ	おおきなかぶ	P186	0:51	歌①振付
	20		うんとこしょ ほい	P186	0:33	歌②振付
	21		ねずみがねこを ひっぱるぞ	P187	0:31	歌③振付
	22	ねずみのよめいり	さがしにいこう	P196	0:43	歌①振付
	23		みんなそれぞれ いいところ	P197	0:34	歌②振付
	24	アリババと盗賊たち	アリババと盗賊たち	P206	0:40	歌①振付
	25		盗賊の歌	P207	0:53	歌②1番振付／2番振付

第1章

リトミックの基本

リトミックとは

リトミックは、音楽と一緒に動いたり言葉を発することで表現力を育む音楽教授法です。みんなで一緒に行うことで、おたがいに感性を刺激し合い、音楽の楽しさを共有できます。

動きの体験を通して音楽性、人間性を育みます

　リトミックは、スイスの作曲家・音楽教育家のエミール・ジャック＝ダルクローズによって考えられた音楽教授法です。

　動きの体験を通して感性を刺激し、音楽性や人間性を育むリトミックは、今日では障がい児を含む子どもや、舞踏家・演劇家などを育てる教育の現場で実践・応用されています。

音楽の変化に応じた動きを共有することで人との関わりが深まります

　リトミックでは、豊かな音楽を聴き、音楽を特徴づけている要素を直感的に捉えて、音楽に含まれる意味や内容を理解します。

　音楽に合わせて動いてみると、音楽の変化に気づくようになります。その変化に応じた体の動きをみんなで共有することで、友達との積極的なコミュニケーションがはかられます。誰かのアイデアに刺激され、一緒に音楽の喜びを味わうことができるのです。

何かを表現したいという気持ちを育みます

　ダルクローズが参考にした表現スタイルは、音楽と動きと言語が融合されたギリシャの表現形式「オルケシス」（三位一体）です。私たちは、感情に導かれて何かを表現したくなります。そのとき使うのが体の動きや言葉です。

　リトミックは、音楽と一緒に動いたり言葉を発することで、"何かを表現したい" "伝えたい" という気持ちを育みます。

リトミックで育つもの

リトミックでは、体の動きと音楽を重ね合わせる体験によって、音楽性、反応力、判断力、調整力など、さまざまな感覚が研ぎ澄まされます。リトミックでは主に次の6つの感覚が育まれます。

注意力、集中力、自己制御力（セルフコントロール）、記憶力

音楽に耳を傾けることで、注意力や集中力が高まります。音楽の変化に素早く気づく力が養われます。

空間の認識、体の認識

音楽と一緒に動くことで時間や空間に関する概念を獲得していきます。

他人との接触、責任感、社会的統合

みんなで一緒に音楽に身をゆだねることで、共感したり、仲間意識を強めたりします。

調和、運動の整合、自立した身振り

音楽を聴いて動いたり、動きを見て音楽をイメージしたりすることで、自由で解放された感覚が養われます。

想像性、感受性、音楽性、個性、ニュアンスの感覚

想像的・創造的な体験を通じて、芸術的なセンス（音楽性）が高まります。

リラックス

音楽の違いや変化がわかると、より音楽を楽しむことができます。音楽を楽しむ瞬間は、幸福感を味わう瞬間となります。

リトミックをすすめるときのポイント

五感をフルに使って動く幼児リトミックでは、子どもの成長に合わせた働きかけが大切です。活動をすすめるにあたっての注意点と、音楽感覚を育てるために重要な3つの柱を知っておきましょう。

1. いまできる動きから 始めましょう

知らないことを初めてするのは、緊張するものです。全員がリトミックに参加できるように耳なじみのよい曲を選んだり、成長に合った動きから始めて、だんだん知らないことを取り混ぜていきます。新しい歌を歌うときは、まずは今できる動きで参加させましょう。

2. 温かなやりとりを 楽しみましょう

子どもは人と関わりながら遊ぶことによって学び、成長していきます。同様に音楽的発達も、大人に歌いかけられたり、何かになったつもりで遊ぶ「ごっこ遊び」のような楽しい経験によって高まります。"音楽は楽しい！"と感じてもらえるように、保育者は子どもの成長に合わせて温かい働きかけをしましょう。

3. 聴くことを意識して

リトミックでは、動きながら音楽に参加します。子どもは音楽を聴いて動くことで、音楽の特質に気づくからです。初心者は、聴くことより動くことに気持ちがいってしまいがちです。保育者は子どもが集中して音楽を聴いているかを気にかけ、音楽の変化に気づいて動きに置き換え、応答できるように促しましょう。

4. 音楽的であることを 心がけましょう

音楽を「聴く」ことが大切なリトミックでは、子どもの耳に入る音楽の質が問われます。保育者自身が音楽の美しさや楽しさを感じ、いつも音楽的に（単調にならず、歌うように）演奏しましょう。音楽の美しさに感動すれば、子どもたちも音楽の楽しさを感じてくれるでしょう。音楽のうねりにたっぷりとひたらせてあげましょう。

5.「3つの柱」を意識し、音楽的な感覚を育てます

リトミックには3つの柱があります。リズム運動、ソルフェージュ、即興演奏です。

リズム運動 …音楽的な体験の初まり

「リズム運動」は、歩く、走る、揺れる、跳ぶといった自然な動きで体験します。動きのなかで音を知覚することで、聴く能力が育っていきます。これが子どもの最初の音楽体験です。模倣活動や創造活動を取り入れ、自然にリズム運動を体験できるように促してあげましょう。

ソルフェージュ …音楽的な感覚を定着させる

リズム運動で体験した感覚を、「音」と関連づけるのが「ソルフェージュ」です。たとえば高い音では背伸び、低い音はしゃがむなど、旋律や音階に合わせて体を動かすことによって、音楽的な感覚を定着させます。

即興演奏 …音楽で自己表現をする

リズム運動やソルフェージュの体験をもとに、自分なりの音楽表現をするのが「即興演奏」です。演奏や創作を楽しめると、音楽的センスが磨かれ、聴く耳が養われます。想像して動いたり、感情を動きで表したりするようなリトミックを取り入れていきましょう。

パオー パオー

リトミックの3つの柱

リズム運動　ソルフェージュ　即興演奏

リズム運動、ソルフェージュ、即興演奏の体験を積み重ねることによって、表現力や音楽的なセンスが身についていきます。

拍（ビート）と拍子

音楽の底流に流れる規則的なリズムが「拍（ビート）」です。その流れに規則的なアクセントが感じられると「拍子」が生まれます。音楽を特徴づけるビートや拍子を言葉や動きで楽しみましょう。

拍（ビート）を言葉や動作に置き換えてみましょう

　多くの音楽には、規則的な拍（ビート）があり、リズミカルなビートを聴くと心地よさを感じます。

　2〜3歳ではまだビートを続けて刻むのは難しいので、なじみのある言葉や、指さしや手拍子など簡単な動作に置き換えます。子どもが知っているぞうやうさぎなどの動物のまねをしたり、掃除や料理などの日常生活の動作に置き換えるのもいいでしょう。成長に応じて、打楽器などでビート感を表現してみます。

低い年齢では、子どもが刻むビートに先生が合わせてあげるくらいのつもりで。言葉や動作をリズミカルにビートと重ねましょう。様子を見ながら、速い・普通・遅いビートに合う動きをしてみます。

音楽を特徴づける「拍子」を動作で感じましょう

ビートの流れのなかに、1拍目を感じさせるアクセントが規則的に生まれると「拍子」ができます。2つごとにアクセントが来ると2拍子、3つおきだと3拍子、4つおきだと4拍子になり、アクセントからアクセントまでが「小節」です。

右のように拍子には、単純拍子、複合拍子、変拍子があります。

リトミックの活動では、拍子に合わせて歩いたり、揺れたり、手拍子をしたりして、拍子がかもしだす印象の違いを感じてみましょう。ステップを踏んだり、身振りやダンスをするのも、拍子の違いを感じるよい体験になります。

2拍子

ネコ

3拍子

コネコ

4拍子

クロネコ

拍子の種類

単純拍子

♩（ター）＝♫
単純拍子はいずれも拍が2分割される。

2拍子

● ○ ｜● ○ ｜● ○ ｜● ○ ｜〜
ターター　　ターター　ターター　ターター

行進しているような明瞭な感じ

3拍子

● ○ ○ ｜● ○ ○ ｜● ○ ○ ｜● ○ ○ ｜〜
ターターター　ターターター　ターターター　ターターター

ワルツのビート。ゆるやかに揺れる感じ

4拍子

● ○ ○ ○ ｜● ○ ○ ○ ｜● ○ ○ ○ ｜〜
ターターターター　ターターターター　ターターターター

まとまりのある感じ

複合拍子（8分の6拍子）

♩．（イチト）＝♫♫
複合拍子は拍が3分割される。

● ○ ○ ● ○ ○ ｜● ○ ○ ● ○ ○ ｜〜
イ チ ト ニ イ ト　　イ チ ト ニ イ ト

1小節に♩．が2つなので、大きくとらえると2拍子に感じる。3つの細かなビートを1つのまとまりにしているので、穏やかで揺れるような感じ

変拍子（5拍子、7拍子など）

5拍子の場合は、3拍＋2拍（または2拍＋3拍）で1小節。

● ○ ○ ● ○ ｜● ○ ○ ● ○ ｜〜
ターターターターター　ターターターターター

途中に小さなアクセントがあり、どことなくコミカルな感じ

テンポとダイナミクス

テンポ（速さ）とダイナミクス（強弱）は，音楽を特徴づける大事な要素です。リトミックでは、動いて表す空間の広さ・狭さで、速さや強弱の違いを表現します。

♪ 空間の大きさで速さと強弱を表します

リトミックでは、テンポ（速さ）とダイナミクス（強弱）を、しゃがんだり背伸びをしたり、足早に動いたり、しっかり歩幅をとって歩いたりなどで表す「空間の大きさ」で表現します。これらの動きをしながら音楽を聴くことで、音楽の変化をより意識することができます。空間と音楽を関連づける活動をすることによって、テンポとダイナミクスを自然に表現できるようになるのです。

テンポ	ダイナミクス	空間
速い	弱い	狭い
中くらい	中くらい	中くらい
遅い	強い	広い

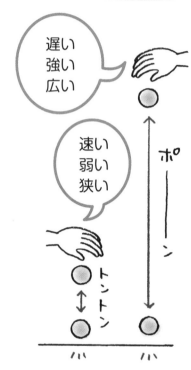

動きによる空間の狭さ・広さ、強さ・弱さ、速さ・遅さでテンポとダイナミクスを表現する。

動物の模倣を取り入れましょう

ねずみや小鳥をまねして速く小さく動く、ぞうやかめをまねしてゆっくりと大きく動くなど、動物の動きを模倣するのはテンポやダイナミクスを理解しやすい活動です。いろいろ組み合わせて、変化を楽しみましょう。

リトミックの基本 3 リズムパターン

リズムパターン（リズム型）は、リズムの「小さなかたまり」のことです。洋服がいくつかのパターンを組み合わせて作られるように、音楽もリズムパターンを連続したり、組み合わせたりして作られます。

リズムパターンは音楽のモチーフ

もっとも小さい単位の音符や休符の連なりを「動機（モチーフ）」と呼びます。モチーフは、基本的に2小節からなることが多いので「2小節の動機」とも呼ばれます。

右は、代表的なリズムパターンの例です。リズムパターンを唱えるとき、8分音符は「ティ」、4分音符は「ター」、付点4分音符は「ターイ」、2分音符は「ターアン」と言葉で表します。

リズムパターン例

♫♩ （ティティター）	♩♫ （ターティティ）
♪♩♪ （ティターティ）	♩♪ （ターイティ）
♫♫ （ティティティティ）	♪♩ （ティターイ）
♫♩♩ （ティティターター）	♩♫♩ （ターティティター）

例えばp148の「ちょうちょう」は、ちょうちょう（ティティター）・ちょうちょう（ティティター）／なのはに（ティティティティ）・とまれ（ティティター）／…と2小節ずつのモチーフが音楽に影響していきます。

動きの違いや言葉で、リズムのうねりを味わいます

ターティティ（♩♫）では、ター（♩）を重く、ティティ（♫）は軽くというように、長い音符は重く、短い音符は軽くすると抑揚を表現できます。

手拍子や体をたたいてリズムパターンを表す場合は、ター（♩）でひざをたたく、ティティ（♫）で手拍子をするというように、上や下、右や左などたたく位置を変え、パターンのまとまりを感じ取れるようにします。

ター　　　ティティ　　　ターター　　　ティティティティ

フレーズ

「リズムパターン」より大きなまとまり、音楽の段落ともいえるのが「フレーズ」。ひと呼吸で歌う長さで感じることができます。音楽は長いフレーズと短いフレーズが組み合わさって作られます。

フレーズは文章の まとまりと同じ

リズムパターンが単語だとすると、フレーズは文章に例えることができます。文章は、「、」や「。」で区切られますが、変なところに「、」を置くと、下の例のように意味が通じません。

> ○ 私は、きのう、デパートに買い物に行きました。
> × 私はき、のうデパートに買、い物に行きました。

また、「、」までのまとまりと、「。」までのまとまりは長さが異なります。音楽も同じで、長いフレーズと短いフレーズが組み合わさって作られ、音楽に秩序を与えます。

フレーズが違うと、伝わり方が違います。フレーズを感じる活動ではまとまりをとらえるセンスを育むことが大切です。

フレーズ例

長いフレーズ きらきらひかる

長いフレーズ おそらのほしよ

> フレーズが違うと伝わり方が違う

短いフレーズ きらきら
短いフレーズ ひかる
短いフレーズ おそらの
短いフレーズ ほしよ

空間をうまく用いましょう

音楽に合わせて 1、2、3、4 と拍を数えながら空間に線を描いたり、ステップをふんだりしてフレーズの体験をします。

フレーズごとに手をたたく位置を変えたり、歩く方向を変えるのもフレーズを認識するのに効果的です。歩く空間がないときは、机の上に線を描いたり、友達の背中に線を描いたりしても楽しめます。

1.2.3.4

1.2.3.4

呼吸の長さでフレーズの違いを感じさせる

長いフレーズと短いフレーズの違いは、呼吸で感じることができます。たとえば、息を吸うときは手のひらを上に持ち上げ、息を吐くときは手のひらを下に押し下げながら、吸う時間や吐く時間を長くしたり短くしたりしてフレーズの長さの違いを感じます。まずは、保育者が息を吸ったり吐いたりするのを、まねするところから始めましょう。

リトミックの基本 5

ニュアンス

「ニュアンス」は、音色やテンポ、強弱などから生み出される音楽の表情です。音楽の表情を表す動きで、ニュアンスの違いを味わいましょう。

♪ 対照的な様子を表す動きで ニュアンスを表現しましょう

テンポが速いと軽快な感じ、遅いとゆったりとした感じというように、テンポはニュアンスを決める大事な要素です。ニュアンスのいろいろを、動く・止まる／速く・遅く／高い・低い／重く・軽く／緊張・弛緩など対照的な動き（筋肉運動の感覚）で味わってみましょう。動きの様子は、子どもが音楽的なニュアンスをどのように感じとっているか（聴きとっているのか）を映し出します。

模倣活動を通じて強弱や重い・軽いを表現する。

音楽のニュアンス例
「温かい・冷たい」「明るい・暗い」「興奮・平静」 「緊張・弛緩」「不安・安堵」「遠い・近い」 「広い・狭い」「重い・軽い」「やわらかい・かたい」 「強い・弱い」「速い・遅い」「溶ける・固まる」など

弛緩→緊張へエネルギーが
変化する様子を動きで体感。

♪ スタッカートとレガートで ニュアンスを味わいましょう

音と音のつながりに強弱や表情をつけることで旋律などを分けることを「アーティキュレーション」といいます。アーティキュレーションも音楽のニュアンスを決める大事な要素です。代表的なアーティキュレーションとして、音を切り離す「スタッカート」と、連続する2つの音を途切れさせずに滑らかに演奏する「レガート」を模倣動作で味わってみましょう。

スタッカート

レガート

リトミックの基本 ⑥ 音楽の形

音楽はフレーズの組み合わせで構成され、さまざまな音楽の形を生みます。白い家や赤い家、高い家、低い家など家の特徴や並び方で街並みの印象が変わるように、音楽の形が違うと聴く人に違った印象を与えます。

 ## いくつかのフレーズが組み合わさって形式を生みます

代表的な音楽の形には、二部形式、三部形式、ロンド形式があります。

代表的な音楽の形の例

ほかにも
・複合三部形式
・ソナタ形式
・変奏曲形式
などがあります。

二部形式（大きな2つの部分で構成された音楽）

| A | + | B |

さらに大きな二部形式

| A | + | A' | + | B | + | A |

三部形式（大きな3つの部分で構成された音楽）

| A | + | B | + | A |

ロンド形式（同じフレーズが何度も挿入された音楽）

| A | + | B | + | A | + | C | + | A | + | D | + | A |

 ## ダンスや対照的な動きの違いで音楽の形を体験

　Aは歌いながら右に4歩、Bは左に4歩、Aでまた右に4歩など、フレーズごとに動きを変えて、音楽のまとまりを感じてみましょう。伸び上がる・しゃがむ／円陣で動く・自由に動くなど対照的な動きにすると、より音楽の形を感じやすくなります。

　フォークダンスは、前進の次は後退、右の次は左、上の次は下など、次の動き（方向）を予感しやすく、音楽の形を理解するのに有効です。ほかに、ジェンカ、ワルツ、メヌエット、ガボットなど、地域独特の身振りのダンスも取り入れてみましょう。

リトミックの基本 7

ソルフェージュ

楽譜の読み書きをしたり、リズムやテンポといった音楽の基礎を学ぶことを「ソルフェージュ」といいます。リトミックでは、ピッチ（音の高低）の違いを識別するところから始めましょう。

2音の比較から始めましょう

リトミックでは、音名や音階の違いを答えさせたりするのではなく、音を遊ぶ雰囲気のなかで取り組みましょう。

まず2音のピッチ（音の高低）の比較から始め、徐々に音程の幅を狭めていきます。

ピッチが高いときは手を上げたり、背伸びをしたり、低いときは手を下げたり、しゃがんだりします。音階の上行は重心を上へ、下行は重心を下げるなど上下運動で表現し、音階の変化に気づくように促しましょう。

オスティナートを楽しみます

一定のリズムや旋律のパターンを繰り返すことを「オスティナート」といいます。「よいしょ、よいしょ」（ラ・ソ・ラ、ラ・ソ・ラ）などのかけ声なら、年齢の低い子どもでも容易に参加することができます。保育者はかけ声に合わせてピアノや打楽器を奏でるのもよいでしょう。「もういーかい？」「まーだだよ」、「ごはんですよ」「いただきまーす」など、遊びや生活のなかで交わされる言葉や動きに音を結びつけて楽しんでみましょう。

よいしょ、よいしょ！

例えば・・・

ピッチが高いとき

手を上げる、背伸びする

ピッチが低いとき

体を低くする

音階が上昇するとき

だんだん立ち上がり重心を高めていく

おすすめ年間スケジュール
リトミックカレンダー

リトミックでは、子どもの成長や発達に合わせた働きかけが重要になります。基本となる7つの要素から、子どもの発達に合わせて、体験したいものを年間スケジュール案としてまとめました。年齢をまたいで組み入れている活動もあります。計画の参考にご活用ください。

リトミックの基本となる7つの要素
拍 …拍(ビート)と拍子　テ …テンポとダイナミクス　リ …リズムパターン　フ …フレーズ　ニ …ニュアンス　音 …音楽の形　ソ …ソルフェージュ

月 ＼ 年齢	2歳	3歳	4歳	5歳
4月	拍 ビートになじむ (p.28) 拍 ビートの流れにのって動く (p.32)	拍 ビートの流れにのって動く (p.32) 拍 ギャロップのリズムに親しむ (p.36)	拍 3拍子のリズムを感じる (p.42) 拍 拍のまとまりを感じる① (p.46)	拍 3拍子のリズムを感じる (p.42) 拍 拍のまとまりを感じる① (p.46)
5月	拍 ビートの流れにのって動く (p.32) 拍 速いビートに親しむ (p.34)	拍 スウィングに親しむ (p.38) 拍 テンポの違いを聴き分けて動く (p.40)	拍 拍のまとまりを感じる② (p.50)	拍 拍のまとまりを感じる② (p.50)
6月	テ 速さの違いに気づいて動く (p.54) テ 強弱の違いを楽しむ (p.58)	テ ダイナミクスの変化に気づく (p.64) テ テンポの変化に気づいて動く (p.68)	テ ダイナミクスの変化に気づく (p.64) テ テンポの変化に気づいて動く (p.68)	テ 強弱の変化を味わう (p.78) テ 「だんだん強く」音階を表す (p.80)
7月	テ 言葉と動きの重なりを楽しむ① (p.60) テ 言葉と動きの重なりを楽しむ② (p.62)	テ ダイナミクスの違いを表現する (p.70) テ 強弱の変化を感じて表現する (p.74)	テ ダイナミクスの違いを表現する (p.70) テ 強弱の変化を感じて表現する (p.74)	テ 強弱の変化を味わう (p.78) テ 「だんだん強く」音階を表す (p.80)
8月	4～7月の復習	4～7月の復習	4～7月の復習	4～7月の復習
9月	リ 言葉のリズムに親しむ (p.84) フ 歌に合わせた動きに親しむ (p.106)	リ 言葉のリズムに親しむ (p.84) リ 「ティティター」のリズムに親しむ (p.86)	リ 言葉のリズムに親しむ (p.84) リ 「ティティター」のリズムに親しむ (p.86) リ 「ターティティ」のリズムに親しむ (p.90)	リ 「ティティティティティタースン」のリズムに親しむ (p.94) リ 「ティターティ」のリズムに親しむ (p.96)
10月	フ 歌いながら動く (p.108)	フ 歌いながら動く (p.108) フ 模倣して動く (p.114)	リ リズムパターンの違いを楽しむ (p.88) リ 「ターターティティター」のリズムに親しむ (p.98) フ 模倣して動く (p.114)	リ チャチャチャのリズムを楽しむ (p.102) リ リズムパターンの違いを楽しむ (p.88) リ 「ターターティティター」のリズムに親しむ (p.98)
11月	フ 身振りをしながら歌う (p.110)	フ 身振りをしながら歌う (p.110) フ 3拍子のフレーズに親しむ (p.112)	フ フレーズを感じて動く (p.116) フ ジェンカのリズムに親しむ (p.118)	フ フレーズを感じて動く (p.116) フ ジェンカのリズムに親しむ (p.118)
12月	フ 身振りをしながら歌う (p.110) ニ 最高潮の瞬間を期待する (p.126)	フ 模倣して動く (p.114) ニ 最高潮の瞬間を期待する (p.126)	フ フレーズを聴き分けて表現する (p.122) ニ いろいろな表情で表現する (p.132)	フ フレーズを聴き分けて表現する (p.122) ニ さまざまな歩行を楽しむ (p.138)
1月	ニ 体の力を抜く (p.128) ニ 半音階に親しむ (p.130)	ニ 体の力を抜く (p.128) ニ 半音階に親しむ (p.130) ソ ドの音を識別する (p.168)	ニ いろいろな表情で表現する (p.132) ニ 動きの大きさの変化を楽しむ (p.134) ソ ドの音を識別する (p.168)	ニ さまざまな歩行を楽しむ (p.138) ニ 準備の拍(アナクルーシス)を感じる (p.140) ソ 全音の音程に親しむ (p.176)
2月	音 音楽の違いに親しむ (p.144) 音 呼びかけと応答を楽しむ (p.146) ソ ピッチの違いを識別する (p.164)	音 音楽の違いに親しむ (p.144) 音 呼びかけと応答を楽しむ (p.146) ソ ドの音を識別する (p.168)	ニ スタッカートとレガートの違いを楽しむ (p.136) 音 補足リズムで遊ぶ (p.152) ソ ドとソを識別する (p.170)	ニ さまざまな歩行を楽しむ (p.138) ニ 準備の拍(アナクルーシス)を感じる (p.140) ソ 全音の音程に親しむ (p.176)
3月	音 二部形式の歌を楽しむ (p.148) ソ エコー唱を楽しむ (p.166)	音 二部形式の歌を楽しむ (p.148) 音 ワルツのリズムに親しむ (p.150) ソ ドとソを識別する (p.170)	音 補足リズムで遊ぶ (p.152) 音 ポルカのリズムに親しむ (p.160) ソ 3音列(ミレド、ドレミ)を歌う (p.172)	音 身振りでカノンを楽しむ (p.156) 音 ポルカのリズムに親しむ (p.160) ソ 全音と半音を識別する (p.174)

すぐに役立つ
ふりかえりシート

リトミックの実践を振り返ってみましょう。
以下に、振り返りのポイントを示しました。コピーして活用してください。

担当者名

項目	振り返りのポイント	/	/	/	/	/
子どもの動きに ついて	動きは、年齢に適していましたか （無理な動きを求めていなかったか）					
	音楽の特徴と動きは合っていましたか					
	動きに、アナクルーシス（エネルギーの高まり）が 感じられましたか					
音楽について	音楽は、単調になっていませんでしたか （強弱やテンポに留意したか）					
	ピアノの音色は、美しく奏でられていましたか					
	活動の中で行われる合図（きっかけ）は、 適切でしたか					
子どもの集中の 度合いについて	子どもは、集中して音を聴いていましたか					
	子どもは、音（音楽）の特徴（特質）に 気付いていましたか					
保育者の指導に ついて	説明の時間が長くなっていませんでしたか					
	動きの体験を優先して、進めましたか					
	保育者は、子どもと対話していましたか					
施設・設備に ついて	部屋の広さは、活動する内容に適切でしたか （子どもの人数など）					
	楽器や機器は、適切に配置されていましたか					
	子どもの服装は、動きを制約していませんでしたか					

次回までに、保育者間で話し合いたいこと

本書の使い方

本書では、保育で行うリトミックを基本の音楽的要素ごとに紹介しています。
シンプルなものから、年齢や経験に応じて少しずつ複雑なものに挑戦でき
る流れになっています。

第2章 7つの音楽的要素ではじめる リトミックプログラム

テーマ
経験したい項目を
示しています。

対象年齢
目安となる年齢を表しています。
子どもの興味や経験に応じて、
柔軟に行ってください。

楽譜
各テーマで使用する曲の楽譜を、
弾きやすい伴奏で掲載しています。

リトミックの基本要素
リトミックの基本である7つ
の音楽的要素を示していま
す。各要素の詳細は第1章で
紹介しています。

ねらい
テーマを具体化した活動の
ねらいを示しています。

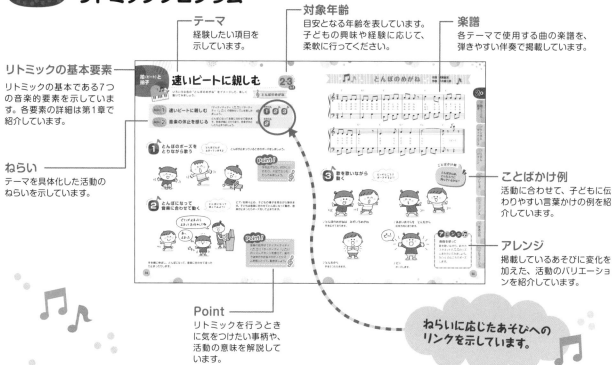

ことばかけ例
活動に合わせて、子どもに伝
わりやすい言葉かけの例を紹
介しています。

アレンジ
掲載しているあそびに変化を
加えた、活動のバリエーショ
ンを紹介しています。

Point
リトミックを行うとき
に気をつけたい事柄や、
活動の意味を解説して
います。

**ねらいに応じたあそびへの
リンクを示しています。**

第3章 やってみよう リトミック発表会

第3章では、リトミックを生かした発表会の脚本を年齢別に
掲載しています。日常の保育でも楽しめます。

衣装と小道具
発表会の演目で着用する衣装
の一例を紹介しています。

楽譜と振付
演目で使用する挿入歌の
楽譜と、歌に合わせた振
付を掲載しています。

第2章

7つの音楽的要素ではじめる
リトミックプログラム

ビートになじむ

DVD 1

1~2 歳児

ビートは、規則的に流れる脈動のような刻みです。
ビートの流れに合わせて動いてみましょう。

 きらきらぼし

ねらい1	ビートの流れに親しむ	体の動きを通して、リズムの流れに身をゆだねる心地良さを味わいます。	➡ あそび ♪ 1 2
ねらい2	ビートに合わせて動く	ビートに合わせて動き、拍の長さの違いを感じます。	➡ あそび ♪ 1 2 3

1 保育者のまねをして手やひざをたたく

> リズミカルに楽しく！

「ター（♩）」や「ターアン（♪）」に合わせて手やひざをたたく。

子どもは保育者の動きをまねしながら、手やひざをたたきます。保育者は歌いながら「ター（♩）」や「ターアン（♪）」をたたきましょう。

ター	ターアン
♩	♪

❶「ター（♩）」に合わせて、手をたたきます。

> **ことばかけ例**
> 先生のまねっこをしてね。

❷「ターアン（♪）」に合わせて、ひざに手を置きます。

> **アレンジ♪**
> 身の回りにある、机や段ボール箱などをたたいても楽しめます。

きらきらぼし

訳詞 武鹿悦子
フランス民謡

2 章

① 拍（ビート）と拍子
② テンポとダイナミクス
③ リズムパターン
④ フレーズ
⑤ ニュアンス
⑥ 音楽の形
⑦ ソルフェージュ

2 歌に合わせて表現する

きらきらぼしを
思い浮かべて

『きらきらぼし』の歌をイメージしながら、体で表現しましょう。

♪きらきら　ひかる
　おそらの　ほしよ
手をひらひらさせます。

Point！

保育者は『きらきらぼし』を歌いながら、曲に合わせて動きましょう。

♪まばたき　しては
　みんなを　みてる
手を胸の前で交差させて、
体を左右に揺らします。

2つの動きを自由に
行ってもよいでしょう。

3 ピアノに合わせて歩く

♪や♩のリズムで歩く

『きらきらぼし』の歌に続けて、保育者は「ララ ラ…」と歌いながら、自由にピアノを弾きます（右ページ「アレンジ」の曲参照）。子どもはピアノのリズムに合わせて、速さを変えて歩きます。

4分音符（♩）は普通に歩く
ピアノに合わせて♩のリズムで歩きます。

ラララ…

2分音符（♩）はゆっくり歩く
ピアノに合わせて、♩のリズムで歩きます。

ラ～ラ～…

Point!

伴奏は単調にならないように軽やかに弾きましょう。時々強くしたり弱くしたり、弾むようにしたりして、音楽の豊かさを表現しましょう。

アレンジ♫

♩のときは、体を左右（または上下）に揺らしたり伸び上がるのもいいですね。

拍を感じて動く

頭を振る、肩を上下させる、ひざを上下に動かすなど、体の一部を用いた動きで、拍を感じてみましょう。

＜軽快な曲に合わせて動く＞

・2本の指（中指と人差し指）を用いて、机の上を歩くような動きをしてみましょう。

・指先で、自分の体や、身近にある机など、いろいろなところをつついてみましょう。

・机の上に四角の紙（新聞紙でも広告紙でも可）を置いて、拍に合わせて紙の角を指さしてみましょう。

＜ゆったりした曲に合わせて動く＞

・ハンカチやスカーフを持って、ゆっくりな音楽に合わせて揺らしてみましょう。

・ゆっくりな速さ（♩）で、息を吸ったり吐いたりしてみましょう（このとき手の動きをつけてみるとわかりやすい。

　吸うときは両手を広げる動き、吐くときは両手をすぼめる）。

・音楽に合わせて、ねこの背中をなでているような動きをしてみましょう。

・机の上に四角の紙（新聞紙でも広告紙でも可）を置いて、角から角までをなぞってみましょう。

2章

① 拍（ビート）と拍子

② テンポとダイナミクス

③ リズムパターン

④ フレーズ

⑤ ニュアンス

⑥ 音楽の形

⑦ ソルフェージュ

拍（ビート）と 拍子

ビートの流れにのって動く

2〜3歳児

2拍子の音楽に合わせて、体のいろいろなところをタップします。ビートにのって動きながら拍子（拍の集まり）の感覚を育てます。

あたま かた ひざ ポン

ねらい **1**	ビートの流れに のって動く	音楽に合わせてリズミカルに、手をたたいたり体のいろいろな部位をタップします。	➡	あそび **1**
ねらい **2**	歌詞に合わせて動く	「あたま」「かた」「ひざ」の歌詞に合わせて体をタップ。「動き」で音楽に呼応する力を育てます。	➡	あそび **2**

1 揺れながら 保育者の歌を聴く

> リズムを感じて

拍に合わせて体を揺らします。「ぽん」で手をたたきます。

♪**あたま　かた　ひざ**
言葉に合わせて、体を揺らします。

♪**ぽん**
手をたたきます。

♪**ひざ**
体を揺らします。

♪**ぽん**
手をたたきます。

♪**め　みみ　はな**
言葉に合わせて、体を左右に揺らします。

♪**くち**
口をおさえます。

ことばかけ例

歌に合わせて揺れてみましょう。

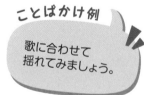

♩でひざを軽く曲げのばしをしてもいいですね。

32

あたま かた ひざ ポン

訳詞 高田三九三
イギリス民謡

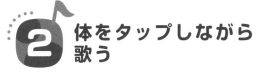

2 体をタップしながら歌う

歌詞に合わせてタップ！

歌いながら歌詞の部位をタップし、「ぽん」で手をたたきます。「め、みみ、はな、くち」のところは小さな声で歌い、やさしく触れるように声をかけましょう。

♪あたま

♪かた

♪ひざ

♪ぽん

♪め

♪みみ

♪はな

♪くち

アレンジ♫

大きさを変えて
慣れてきたら、テンポを速くしたり遅くしたり、「ねずみさんのあたまかたひざぽん」「ぞうさんのあたまかたひざぽん」など、動作の大きさを変えて動いてみましょう。

ねずみさん

2章
① 拍（ビート）と拍子
② テンポとダイナミクス
③ リズムパターン
④ フレーズ
⑤ ニュアンス
⑥ 音楽の形
⑦ ソルフェージュ

拍（ビート）と拍子

速いビートに親しむ

2~3歳児

いろいろな色の "とんぼのめがね" をイメージして、楽しく
動いてみましょう。

 とんぼのめがね

ねらい **1**	速いビートに親しむ	「ティティティティ（♫♫）」「ターティティ（♩♫）」の軽快なリズムを楽しみましょう。	→ あそび **1** **2** **3**
ねらい **2**	音楽の休止を感じる	とんぼになって音楽に合わせて動きます。音楽が聞こえたら走り、音楽が休止したら止まりましょう。	→ あそび **2**

1 とんぼのポーズを とりながら歌う

とんぼさんが
止まっていますよ

とんぼが止まっているときのポーズをしましょう。

Point !

手を広げたり、何かにふれたり、片足で立ったりしてみましょう。

2 とんぼになって 音楽に合わせて動く

とんぼになって
飛んでみよう！

ピアノを時々止め、子どもの様子を見ながら弾きます。子どもは音楽に合わせてとんぼになって動き、音楽が止まったらポーズをして止まります。

ピアノが止まったら
止まって お休みしてね

あっ、
止まった

ピタッ

Point !

音楽の前半は「ティティティティ（♫♫）」「ターティティ（♩♫）」のリズムパターンを感じて、後半では伸びやかなメロディとリズムを感じとって、動きましょう。

手を横に伸ばし、とんぼになって、音楽に合わせて走った
り止まったりします。

とんぼのめがね

作詞 額賀誠志
作曲 平井康三郎

2章

① 拍（ビート）と拍子

② テンポとダイナミクス

③ リズムパターン

④ フレーズ

⑤ ニュアンス

⑥ 音楽の形

⑦ ソルフェージュ

③ 歌を歌いながら動く

ピッのところでポーズするよ！！

ことばかけ例

とんぼさんは、どんなふうに飛んでいるかな？

♪とんぼのめがねは　みずいろめがね
手を広げて走ります。

♪あおいおそらを　とんだから
反対方向に走ります。

♪とんだから
手を5つたたきます。

♪ピッ
ポーズします。

アレンジ

楽器を使って
歌を歌いながら、鈴やカスタネットで♫♫のリズムをたたいてみましょう。「ピッ」のところでポーズします。

ピッ！

ギャロップのリズムに親しむ 3~4 歳児

ギャロップは、おうまさんになって走るような動きです。
"跳ねる"感じを楽しみましょう。

🎼 おつかいありさん

	ねらい 1	ギャロップの動きを楽しむ	ギャロップの跳ねる動きを楽しみます。	➡ あそび ①③
	ねらい 2	音楽の休止に気づく	ギャロップしながら音楽を聴き、途中で音楽が止まる瞬間を聴きとります。	➡ あそび ②
	ねらい 3	リズムの変化に気づく	均等なリズムと跳ねるリズムに合わせて動きます。	➡ あそび ③

1 音楽に合わせてギャロップで動く

おうまさんみたいにタッカタッカ！

★・ヒント・
フレーズごとに動く方向を変えてみましょう。

ことばかけ例

おうまさんみたいにパッカパッカと跳ねてください。

2 音楽が止まったら動きを止める

音楽をよく聴いて…ストップ！

音楽が止まる瞬間を聴きとります。

音楽が止まったらすぐに止まってね。

とまった！

『おつかいありさん』の音楽に合わせて、ギャロップで動きます。

保育者は時々演奏を止め、それに合わせて子どもはギャロップの動きを止めます。

おつかいありさん

作詞 関根栄一
作曲 團伊玖磨

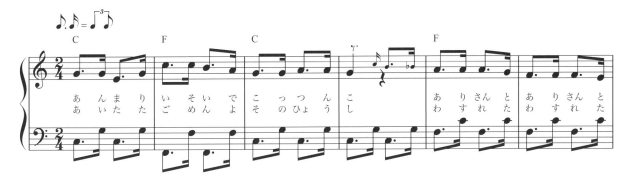

2章

① 拍（ビート）と 拍子

② テンポと ダイナミクス

③ リズム パターン

④ フレーズ

⑤ ニュアンス

⑥ 音楽の形

⑦ ソルフェージュ

③ ピアノのリズムに 合わせて動く

リズムの違いを 感じとる

保育者は『おつかいありさん』を♫で弾いたり、♪で弾いたりします。子どもはそれに合わせて歩いたり、ギャロップをしたりします。

♫の音楽のときは、歩きます。

♪の音楽になったらギャロップをします。

アレンジ

タップしながら歌う
体のいろいろな部位をたたきながら、歌ってみましょう。

手拍子

頭、ひざ などを たたく

♪あんまり　いそいで こっつんこ

♪ありさんと　ありさんと こっつんこ

ちょんちょんで 指合わせ

♪あっちいって　ちょんちょん　こっちきて　ちょん
となりの子と向かい合って、やさしく指を合わせます。

37

スウィングに親しむ

 3~4 歳児

ゆったりとしたリズムに合わせて、揺れる動き（スウィング）に親しみます。

 ぞうさんの
おともだち

ねらい **1**	揺れる動き（♪）になじむ	体を左右や前後に揺らして、ゆったりとした動きを楽しみましょう。	➡ あそび **1**
ねらい **2**	友達との関わりを楽しむ	歌遊びを通して、友達探しをし、友達との関わりを楽しみます。	➡ あそび **1**

1 歌遊びを楽しむ

だれが当たるか
ワクワク！

音楽を聴いて、ゆっくりとした動きと
速い動きを表現しましょう。

❶ スウィングのリズムで体を揺らす

ことばかけ例

ぞうさんが、お友達を見つける歌あそびをしますよ。

音楽に合わせて体を揺らしましょう。

❷ 友達を見つける

♪ **あ**のところ
子どもたちは、円陣になって座ります。
ぞう役の子どもは1人で、手を長い鼻に見立てて、♩のリズムで円陣のまわりを歩きます。座っている子は、体を左右に揺らしながら歌います。

♪ **い**のところ
ぞう役の子どもは、円陣の中の1人の肩をタッチします。

♪♫♩ ぞうさんのおともだち　作詞・作曲 石丸由理 ♩

あ　C　G7　C　C7
ぞう　さん　の　おと　も　だ　ち　ぞう　さん　の　おと　も　ち

F　F♯dim　Em　A7　い　Dm　C　G7　rit.
もり　の　なか　を　ある　い　て　い　たら　おと　も　だち　を　み　つけ　たよ

う　C　a tempo　G7　C　G7　C
ラ　ラ

❸ 軽快なリズムで走る

★ ヒント
ゆっくりした動きと、円陣の周りを走るときの速い動き。その違いを楽しみましょう。

♪ ⑤のところ
2人で手をつなぎ、円陣の周りをひと回り走ったり、スキップしたりします。
座っている子は手拍子をします。
歌が終わったら、ぞう役の子どもは円陣に座り、タッチされた子どもがぞう役になって、繰り返します。

2章
① 拍（ビート）と拍子
② テンポとダイナミクス
③ リズムパターン
④ フレーズ
⑤ ニュアンス
⑥ 音楽の形
⑦ ソルフェージュ

39

拍(ビート)と拍子

テンポの違いを聴き分けて動く

3~4 歳児

列になって貨物列車になって動いてみましょう。「ガチャン」という音楽の最後の瞬間を予感しながら動きましょう。

 かもつれっしゃ

ねらい **1**	音楽の休止に気づく	列車になって動きましょう。音楽をよく聴いて動きます。	→	あそび **1** **2**
ねらい **2**	テンポの違いを感じて歩く	テンポの変化を聴きとり、速い電車、遅い電車になって動きましょう。	→	あそび **2** **3**

1 音楽に合わせて動く−止まる

音楽に耳をすまして

音楽をよく聴いて、音楽が止まったらすぐに動きを止めます。

ことばかけ例

音楽が止まったら、すぐに止まりますよ。ピアノをよく聴いてね。

♩♩♩♩〜

手で列車の動きをしながら、音楽に合わせて歩きます。保育者は演奏を時々止め、子どもたちもすぐに止まります。

2 変化するテンポに合わせて歩く

変わるテンポを楽しんで

テンポの変化を聴きとりましょう。

速さが変わるから、よく聴いてね。

速くなったぞ

演奏のテンポを速くしたり遅くしたり、途中で止めたりします。子どもはそれに合わせて、動く速さを変えたり止まったりします。

Point!

この年齢では、テンポにぴったり合わせることより、テンポの違いや音楽の変化に気づくことが大切です。

かもつれっしゃ

作詞 山川啓介
作曲 若松正司

かも つれっ しゃ　しゅっ しゅっ しゅっ　いそ げ いそげ　しゅっ しゅっ しゅっ

こん どのえきで　しゅっ しゅっ しゅっ　つもう よ に も　つ ガッチャン

2章

① 拍（ビート）と拍子

② テンポとダイナミクス

③ リズムパターン

④ フレーズ

⑤ ニュアンス

⑥ 音楽の形

⑦ ソルフェージュ

3 つながる遊びを楽しむ

じゃんけんでつながって

「ガッチャン」のところで出会った子とじゃんけんをし、負けた子が後ろにつながります。テンポを変えて繰り返しましょう。

Point!

負けた子どもが後ろにつながって、「かもつれっしゃ」が長くなりながら歌って走ります。

★・ヒント・★

「坂道ですよ」とゆっくり歩いたり、「くねくね道です」と曲がったりしても楽しいです。

♪かもつれっしゃ～
　つもうよにもつ

❶ と同様に列車のまねをして、歌いながら動きます。

♪ガッチャン
近くの子と向き合い、じゃんけんをします。

勝った！　負けた！

Ⓐ　Ⓐ

3拍子のリズムを感じる

4~5
歳児

3拍子のリズムに合わせて動きます。3つの拍のまとまりを
感じながら、リズミカルに動きましょう。

🎼 きのいい あひる

ねらい 1	3拍子のリズムで動く	体の動きを通して、3つの拍のまとまりを感じましょう。	➡ あそび ♪1 2 3 4 5
ねらい 2	手と足のリズムを合わせる	手と足を同時に動かすことで、リズミカルな動きの楽しさを味わいましょう。	➡ あそび ♪3 4

ことばかけ例
先生をよく見て、
まねをしてね。

1 ひざー手ー手とたたく

ワルツのリズムで
テンポよく！

『きのいいあひる』を歌いながら、
「ひざー手ー手」とたたきます。

♪むー
♪あひ
3拍子の1拍目は、ひざをたたきます。

♪か
♪るー
3拍子の2拍目は、手拍子をします。

♪し
♪は
3拍子の3拍目も手拍子をします。

以降、この動きを繰り返します。

アレンジ🎵

ダイナミクス（強弱）を変えて手拍子をしてみましょう。例えば、ひざを強、
手拍子を弱として、「強ー弱ー弱」「弱ー強ー弱」「弱ー弱ー強」など。

Point！

うまく反応できないときは、「ひ
ざー手ー手」と子どもと一緒に
唱えながらたたいてみましょ
う。唱えることによって、動
きがスムーズになります。

きのいい あひる

訳詞 高木義夫
ボヘミヤ民謡

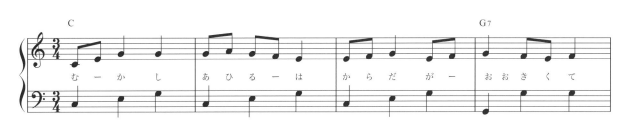

むーかし あひるーは からだ が ー おおきくて

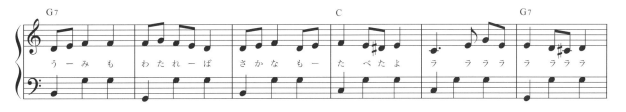

うーみ も わたれーば さかな もー た べ たよ ラ ラ ラ ラ ラ ラ ラ ラ ラ ラ

ラ ラ

2 手合わせで歌う

気持ちを合わせて楽しく

2人組で手合わせしながら、歌いましょう。

1拍目

2人で向き合って、
1拍目は手をたたきます。

2、3拍目

2、3拍目は、相手と2回手を合わせます。

以降、この動きを繰り返します。

2章
① 拍（ビート）と拍子
② テンポとダイナミクス
③ リズムパターン
④ フレーズ
⑤ ニュアンス
⑥ 音楽の形
⑦ ソルフェージュ

③ 足と手で 3拍子を感じて 動く

踊るように 楽しく！

ステップと手拍子で、動きながら歌います。

1拍目
ステップ

2、3拍目
手をたたく

ことばかけ例

スケートみたいに、前に出した足に体重を乗せてね。

左足（または右足）を1歩前に出します。

そのまま手を2回たたきます。

以降、この動きを繰り返します。

④ 3拍子で 足と手をたたく

やわらかく ひざを使って

アレンジ♫

「ひざーひざー手」「右腰ー左腰ー手」などもやってみましょう。

1拍目
右足

2拍目
左足

3拍目
手

右手で右足をたたきます。

左手で左足をたたきます。

手を1つたたきます。

以降、この動きを繰り返します。

5 友達と一緒に 動きながら歌う

💭 3拍子でステップ

床にフープを置き、フープの内側と外側でステップします。歌いながら、ステップで動きます。

奇数小節
フープの内側で3歩

フープの内側で3歩ステップ（足踏み）します。

偶数小節
フープの外側で3歩

フープの外に出て3歩ステップします。

Point!

フープの内側や外側でステップするとき、1つめを大きく踏むと3つの拍のまとまりを感じとりやすくなります。

アレンジ♫

替え歌を楽しむ

「トコトントン」と子馬の動き、「ケロケッケ」とかえるの鳴き声など、子どもとアイデアを出し合いながら替え歌を楽しみ、動きもつけてみましょう。「ラララ」からは手拍子したり、体を揺らしたりします。

ポコポンポン

トコ
トントン

ケロケッケ

① 拍（ビート）と拍子
② テンポとダイナミクス
③ リズムパターン
④ フレーズ
⑤ ニュアンス
⑥ 音楽の形
⑦ ソルフェージュ

拍（ビート）と
拍子

拍のまとまりを感じる①

4~5 歳児

拍子は、2つ3つ4つなどの拍のまとまりを通して、感じとる
ことができます。拍子の違いを聴き分けて動いてみましょう。

♪ アルプス一万尺

| ねらい 1 | 拍子の違いを感じて動く | 2拍子、3拍子、4拍子の音楽を聴き分けて動きましょう。 | → あそび 1 2 3 |
| ねらい 2 | 友達との関わりを楽しむ | じゃんけんあそびも入れて、友達と一緒に動く楽しさを味わいましょう。 | → あそび 1 2 3 |

 1 2拍子を感じて前後にステップ

友達と手を
つないで楽しむ

2人で向かい合って手をつなぎ、リズムのまとまりを
感じながら動きます。

前後にステップ

ことばかけ例

お友達と手をつない
で踊りますよ。
前と後ろに4歩ずつ
ステップしましょう。

♪ ⓐのところ
2人向き合って手をつなぎ、前（または後ろ）に4歩
ステップします。続けて反対方向に4歩ステップしたら、
再び元の方向にステップします。

じゃんけんぽん

じゃんけんぽん

♪ ⓘのところ
じゃんけんをします。

アルプス一万尺

作詞　不詳
アメリカ民謡

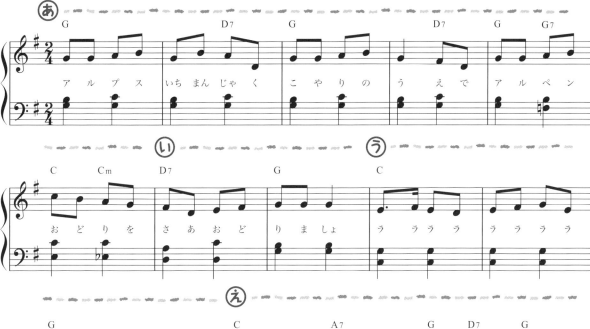

あ　G　D7　G　D7　G　G7

アルプス　いちまんじゃく　こやりの　うえで　アルペン

い　C　Cm　D7　G　う　C

おどりを　さあおど　りましょ　ラララ　ラララ

え　G　C　A7　G　D7　G

ラララ　ラララ　ラララ　ラララ　ラララ　ラ

勝負がついたとき

♪ ⓤのところ
勝った人は手拍子、負けた人は勝った人の周りを回ります。

♪ えのところ
反対回りで、もうひと回りします。

あいこのとき

♪ ⓤのところ
手をつないで、2人で一緒に回ります。

♪ えのところ
反対方向に一緒に回ります。

2章

① 拍（ビート）と拍子

② テンポとダイナミクス

③ リズムパターン

④ フレーズ

⑤ ニュアンス

⑥ 音楽の形

⑦ ソルフェージュ

2 3拍子・4拍子を感じて動く

3拍子はワルツのようなリズムで

3拍子では、3拍のまとまりを感じとりながら左右に揺れます。4拍子では、手をつなぎ、4拍のまとまりを感じとりながら前後にステップします。

<3拍子でアルプス一万尺>

編曲 神原雅之

ことばかけ例

お友達と一緒に揺れますよ。1拍目で気持ちを合わせてね。

♪アル プー スー
♪こや リー のー
♪アル ペー ンー

手をつないで揺れます。

♪いちまん じゃー くー
♪うー えー でー
♪おど リー をー

反対方向に揺れます。

Point!

拍のまとまりは、各小節の1拍目を感じることがポイントです。子どもの動きを見て、1拍目を意識するように声かけをしましょう。

<4拍子でアルプス一万尺>

編曲 神原雅之

♪ア ル プ ス
♪こ や り の
♪ア ル ペ ン

手をつないで、4拍で、前へ4歩ステップします。

♪いち まん じゃ く
♪うー えー で
♪おど り を

4拍で、後ろへ4歩ステップします。

Point!

4拍目で足をそろえると、4つのまとまりを感じとりやすくなります。

以降は、① と同じ動きをします

じゃんけんぽん

じゃんけんをします。

勝負がついたとき

勝った人は手拍子、負けた人は勝った人の周り
を回ります。反対回りでもうひと回りします。

あいこのとき

手をつないで、2人で一緒に回ります。
反対回りでもうひと回りします。

3 2拍子・3拍子・4拍子の違いを聴き分けて動く

変わる拍子に
ワクワク

保育者は2拍子、3拍子、4拍子のいずれか
の『アルプス一万尺』をランダムに弾きます。

2拍子

3拍子

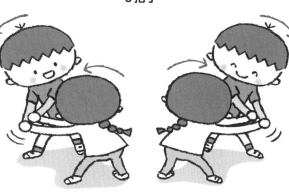

4拍子

2拍子は向き合って前後にステップ、3拍子は左右に揺れ、
4拍子は手をつないで前後にステップします。

ことばかけ例

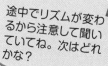

途中でリズムが変わ
るから注意して聞い
ていてね。次はどれ
かな？

2章

① 拍（ビート）と拍子

② テンポとダイナミクス

③ リズムパターン

④ フレーズ

⑤ ニュアンス

⑥ 音楽の形

⑦ ソルフェージュ

拍のまとまりを感じる②

4~5歳児

『あんたがさどこさ』は、いろいろな拍子が含まれていて、おもしろい熊本地方の伝承歌です。ビートを感じながら、「さ」と唱える瞬間を楽しみましょう。

🎼あんたがたどこさ

ねらい 1	音楽のアクセントを感じる	「あんたがたどこさ」の「さ」の次の拍にアクセントがあります。「さ」のところでは少し意識した動きで表してみましょう。	あそび ♪ 1 2 3 4
ねらい 2	音のまとまりを感じる	「あんたがたどこさ」（4拍）、「ひごさ」（2拍）、「ひごどこさ」（3拍）といった"言葉と拍のまとまり"の一致を意識しましょう。	あそび ♪ 1 2 3 4

1 「あんたがたどこさ」を歌いながら、手をたたく

「さ」はどこかな？

子どもは歌に合わせて、手を上から下へたたき、「さ」が出てきたら手を下ろします。再び下から上へたたきます。

あんたがたどこさ

「さ」のところまで、下から上に手をたたきます。
以降、この動きを曲の終わりまで繰り返します。

「さ」のところまでたたいたら、手を下ろし、再び下から上へたたきます。

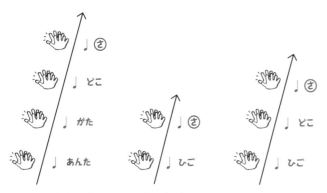

たたく手は、下から上に上げていきます。

Point!
子どもが「さ」の瞬間を感じ取れるように、少しだけ強く弾きましょう。

あんたがたどこさ

あん た が た ど こ さ　ひ ご さ　ひ ご ど こ さ　く ま も と さ

く ま も と ど こ さ　せ ん ば さ　せ ん ば や ま に は　た ぬ き が お っ て さ

そ れ を りょ う し が　て っ ぽ う で う っ て さ　に て さ　や い て さ

くっ て さ　そ れ を こ の は で　ちょ い と か ぶ　せ

Point !

「あんたがたどこさ」は2人の言葉のやりとりになっていることを伝えましょう。
（保育者）「おうちはどこなの」
（子ども）「2ちょうめさ」
（保育者）「どんなところなの」
（子ども）「コンビニがあってさ」
など、子どもとやりとりしてみましょう。歌のようにメロディーにのせても楽しいですね。

おうちは
どこなの？

2ちょうめさ

2 章

① 拍（ビート）と拍子
② テンポとダイナミクス
③ リズムパターン
④ フレーズ
⑤ ニュアンス
⑥ 音楽の形
⑦ ソルフェージュ

② 「さ」は声を 出さずに心の中で歌う

心の中で歌おう

「字抜きうた」です。「心の中で歌う（心唱）」を楽しみましょう。

ことばかけ例

「さ」は心の中で言ってね。

「さ」以外は、普通に手をたたいて歌います。 　　「さ」のところは、声は出さずに、手を下ろします。

同様に、曲の終わりまで行います。

③ 「さ」で 手合わせをする

友達と気持ちを合わせて！

4拍子→2拍子→3拍子の「拍のまとまり」を感じましょう。

さ

アレンジ♫

慣れてきたら声は出さずに、心唱しながら手をたたきます。「さ」のところだけ声に出して歌いながら、手合わせをしましょう。

「さ」以外は2人組（3人組）になって、歌いながら手をたたきます。 　　「さ」で手合わせをします。

同様に、曲の終わりまで行います。

4 みんなで輪になって歩き、「さ」のところで向きを変える

全員でタイミングを合わせる

「拍のまとまり」を通じて、友達と息を合わせることを楽しみましょう。

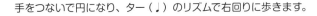

手をつないで円になり、ター（♩）のリズムで右回りに歩きます。

「さ」のところで、ピョンと跳んで向きを変えます。その後も同じ動きを繰り返します。ピョンと跳んで方向を変えるのはとても楽しい動きです。

アレンジ♫

ひもでポーズ
数人で長いカラーひもを持ちます。歌を歌いながらひもを軽く揺らします。
「さ」の部分で上下前後に自由にひもを動かします。

2章
① 拍（ビート）と拍子
② テンポとダイナミクス
③ リズムパターン
④ フレーズ
⑤ ニュアンス
⑥ 音楽の形
⑦ ソルフェージュ

速さの違いに気づいて動く 1〜2 歳児

歌を歌いながら動きます。テンポの違いを聴きとって、ゆっくり動いたり、速く動いたりしましょう。

 こぎつね

ねらい 1 いろいろな動きを楽しむ　音楽に合わせて動きながら、動きの違いを楽しみます。　➡ あそび **1**

ねらい 2 テンポの違いに気づく　音楽のテンポの変化を聴きとり、それに合わせて動きましょう。　➡ あそび **2** **3**

1 保育者をまねて動く

一緒の動きが楽しい！

保育者はリズムに合わせてひざや手をたたいたり、体を左右に揺らしたりしましょう。いろいろな動きを楽しみます。

♪ ⓐのところ
手拍子をします。

♪ ⓘのところ
体を揺らします。

♪ ⓤのところ
手をかかげて、のぞき見ます。

♪ ⓔのところ
手をあげて、ひと回りします。

こぎつね

作詞 勝 承夫
外国曲

2章

① 拍（ビート）と拍子
② テンポとダイナミクス
③ リズムパターン
④ フレーズ
⑤ ニュアンス
⑥ 音楽の形
⑦ ソルフェージュ

♩ = 80

あ　こ ぎ つ ね コン　コン　や ま の な か

い　や ま の な か　く さ の み つ ぶ し て お け しょう

う

え　し た り　も み じ の か ん ざ し つ げ の く し

アレンジ♫

いろいろな動きで
場面を想像して身振りをしたり、跳んだりしゃがんだりと、いろいろな動きを一緒に楽しみましょう。

Point!

この年齢では、まだテンポに正確に合わせて動くことはむずかしいです。ここでは動きの違いに気づけるよう、あたたかく関わりましょう。

テンポに合わせて動く

速いテンポを感じとろう！

①を楽しんだあと、保育者は＜かけ足かけ足＞の音楽を、軽快なテンポで弾きます。子どもは、そのテンポに合わせて動きます。

＜かけ足かけ足＞

作曲 神原雅之

＜かけ足かけ足＞の音楽に合わせて走る

音楽が止まったら止まる

保育者は＜かけ足かけ足＞を軽快なテンポで弾いたあと、さらに速くしてもう一度弾きます。
そのあと、今度は少しゆっくり弾いたり途中で止めたりするなど、テンポを変えて繰り返します。
子どもたちはテンポの違いを聴き分けて動きます。

2章

① 拍（ビート）と拍子

② テンポとダイナミクス

③ リズムパターン

④ フレーズ

⑤ ニュアンス

⑥ 音楽の形

⑦ ソルフェージュ

3 音楽を聴き分けて動く

こぎつねになったり走ったり

『こぎつね』と、＜かけ足かけ足＞の音楽の違いを聴き分けて動きます。即応的な動きを楽しみましょう。

かけ足の音楽だ！

保育者は、『こぎつね』⇒＜かけ足かけ足＞⇒『こぎつね』と続けて弾いたり、『こぎつね』の途中で＜かけ足かけ足＞を入れたりするなど、子どもの様子を見ながらピアノを弾きます。子どもは聴き分けて、『こぎつね』のときは手をたたいたり、＜かけ足かけ足＞では走ったりします。

アレンジ♫

物語あそび風に進めると興味がアップ！

走っている途中で歌を止めて、次のように展開したりすると、子どもの興味が持続し、集中力がアップします。

「あれ！　どこかで音が聴こえてくるよ」（耳をすます）
保育者はゆったりとした和音を弾く
「くまさんの寝息かもしれないよ」
「そっと歩いて陰に隠れましょう」（足音を立てないで歩く）
「くまさん、もう向こうへ行ったかな？」「ああ、よかった」（再び走る）

Point！

ここでは音楽の違いを「聴き分ける」ことが大切です。動きが正確か、リズムと一致しているかは、もう少し年齢が上がってからの課題として、この年齢ではテンポが変わったことに気づいて反応することを楽しみましょう。

強弱の違いを楽しむ

2拍子の流れを感じながら、「おおきなたいこ」と「ちいさな たいこ」のダイナミクスの違いを楽しみましょう。

 おおきなたいこ

ねらい 1 音楽に合わせて動く
2拍子のリズムに合わせて歩いたり、手 をたたいたりします。 → あそび 1 2 3

ねらい 2 強弱（ダイナミクス） の違いに気づく
声や動き（身振り）で、音楽の強弱を表 す楽しさに気づきましょう。 → あそび 2 3

 1 音楽に合わせて 身振りをつける
たいこをイメージ してたたく

 2 音楽に合わせて 大小の身振りを つける
大きい小さいを表す

『おおきなたいこ』を歌い、たいこの音のところは、たいこをたた くしぐさをします。

おおきなたいこの音のところは、大きくたたくしぐさをします。

 **アレンジ ♫**

いろいろなしぐさでやってみよう

たいこのほかにも、大きい方はシンバルを打つしぐ さ、小さい方は両手の人さし指の先をくっつけるし ぐさにするなど、子どもがやりやすい身振りでやっ てみましょう。

ちいさなたいこの音のところは、小さくたたくしぐさをします。

おおきなたいこ

作詞 小林純一
作曲 中田喜直

3 音楽に合わせて手足を動かす

いろいろな動きで
大小を表現

『おおきなたいこ』を歌いながら、「ドーンドーン」と
「トントントン」のところで、音楽に合った動きをします。

「ドーンドーン」は、足踏みをします。

「トントントン」は、指先をやさしく合わせます。

アレンジ

打楽器で

慣れてきたら、タンブリンやカスタネットで
「ドーンドーン」「トントントン」の部分を鳴ら
してみましょう。

Point !

強弱（ダイナミクス）を表すには、メリハリをつけるのが
ポイント。たいこのいきいきとしたリズムを身振りで表せ
るように、イメージを広げてあげましょう。

大きい

ぞうさんの
たいこは
どんなかな

小さい

ありさんの
たいこは
どんなかな

2 章
① 拍（ビート）と拍子
② テンポとダイナミクス
③ リズムパターン
④ フレーズ
⑤ ニュアンス
⑥ 音楽の形
⑦ ソルフェージュ

言葉と動きの重なりを楽しむ①

DVD 4

2~3 歳児

「いないいないばあ」遊びを歌に乗せて楽しみます。くま、きつねが登場する、オリジナルの遊び歌です。

いないいないばあ

ねらい 1 言葉と同じ動きをする

ゆったりと歌いながら、体でも一緒に表現する楽しさを味わいましょう。 → あそび 1 2 3

ねらい 2 動物の特徴をとらえて表現する

動物の耳を手で表したり、当てっこをしたりしながら動物になって遊びます。 → あそび 2 3

---

1 「いないいないばあ」の身振りをつけて歌う

やさしい気持ちで

「いないいないばあ」のところを期待しながら歌います。

Point !

大好きな「いないいないばあ」遊びを振り付きの歌で楽しむ遊びです。やわらかく歌ってうれしい気持ちにつなげましょう。

1～4小節目は、体をスウィングしながら歌います。

5小節目で、手で顔を隠します。

6小節目で、手を広げて歌います。

2 章
① 拍（ビート）と拍子
② テンポとダイナミクス
③ リズムパターン
④ フレーズ
⑤ ニュアンス
⑥ 音楽の形
⑦ ソルフェージュ

いないいないばあ

作詞・作曲 いとうさとみ

いない　いない　　ばあ
いない　いない　　ばあ
くま　ちゃん　が　ほ　ー　ら　ね
コン　コン　ぎ　つ　ね　も

いない　　いない　　ばあ

2 動物を身振りで表現しながら歌う

動物になっていないいないばあ

いないいないばあの振りをしながら歌います。
「くまちゃんがほーらね」と「コンコンぎつねも」のところは、耳を身振りで表現するなどして歌います。

3 動物当てクイズをしながら歌う

クイズで盛り上がる

鳴き声や身振りで動物のまねをし、なんの動物か、当てっこクイズをして遊びます。

こんどは だれだろー　いないいないばぁ

パンダ！

2 と同様にいないいないばあの振りをしながら歌います。
3番の「こんどはだれだろーいないいないばあ」の「ばあ」で、保育者が好きな動物の鳴き声や身振りをして、子どもがなんの動物かを当てます。

アレンジ

なりきって歩く
当たったら、その動物になって歩いてみるのも盛り上がります！

言葉と動きの重なりを楽しむ②

リズミカルな楽しい歌です。足踏み、足を横に出す、ピョンと
跳ぶなどの動作を、歌いながら楽しみましょう。

 あしぶみたんたん

ねらい1	歌詞の動きを楽しむ	歌詞のとおりに動きながら、少しずつダイナミックになっていく動きを楽しみます。	→ あそび ♪ 1 2
ねらい2	音楽の変化に気づいて表現する	強弱や速度の変化に気づいて、動きで表しましょう。	→ あそび ♪ 1 2

1 歌詞どおりに動きながら歌う

リズミカルに
楽しんで動く

歌いながら歌詞と同じ
動きをします。

Point!

声に出して歌い、言葉と音
楽のリズムを結びつけま
す。

★ヒント

足踏みの音を声に出
して唱えることに
よって、リズムパター
ンをうまくたたける
ように促します。

♪（1番）あとうのところ
　足踏みをします。

♪（1~3番）いとえのところ
　手を3回たたきます。

♪（2番）あとうのところ
　片足ずつ、足を横に出して戻します。

♪（3番）あとうのところ
　その場で2回ジャンプします。

あしぶみたんたん

作詞・作曲 則武昭彦

あ

C

1. あ　　　し　　　ぶ　　　み　　て　　　あ　　　し　　　ぶ　　　み　　て　　タン　タン　　タン　タン　　タン　タン
2. あ　　　し　　　だし　　とん　て　　　あ　　　し　　　だし　　とん　て　　タン　タン　　タン　タン　　タン　タン
3. ぴょん　と　　　とん　　て　　　ぴょん　と　　　とん　　て　　タン　タン　　タン　タン　　タン　タン

い

Am　　　G7

う

C

あ　　　し　　　ぶ　　　み　　て　　　あ　　　し　　　ぶ　　　み　　て　　タン　タン　　タン　タン　　タン　タン
あ　　　し　　　だし　　とん　て　　　あ　　　し　　　だし　　とん　て　　タン　タン　　タン　タン　　タン　タン
ぴょん　と　　　とん　　て　　　ぴょん　と　　　とん　　て　　タン　タン　　タン　タン　　タン　タン

え

G7　　　C

2 強い・弱い、速い・遅いの変化に合わせて動く

> 音楽の違いを楽しみましょう

曲の強弱やテンポが変わることに気づいて、動きを大きくしたり速くしたりします。

はやくなったぞ

保育者は、強弱をつけたり、テンポを速くしたり遅くしたりして弾きます。子どもはピアノに合わせて動き、強弱やテンポの変化を楽しみます。

アレンジ♪

ほかの動きも楽しむ
慣れてきたら、動きのバリエーションを加えてみましょう。

足先を出す

ちょんとだしてちょんとだして

足を上げる

あしあげてあしあげて

2章

① 拍（ビート）と拍子

② テンポとダイナミクス

③ リズムパターン

④ フレーズ

⑤ ニュアンス

⑥ 音楽の形

⑦ ソルフェージュ

**テンポと
ダイナミクス**

ダイナミクスの変化に気づく

<かけ足の音楽><走る～ポーズの音楽><揺れる音楽>に
合わせて動きます。また、音の強弱で、表現するものの大小
をイメージします。

  どんぐりころころ

| ねらい **1** | **音の停止に
気づいて動く** | 音が止まったり始まったりすることに合わせて動きましょう。 | ➡ | あそび **1** |
| ねらい **2** | **強弱の変化に
気づいて表現する** | 音の強弱の違いを聴きとって、その違いを体の動きで表します。 | ➡ | あそび **2** **3** **4** |

 1 **<かけ足の音楽>に
合わせて走る**

> 疾走感のある音楽
> にのって楽しく走る

保育者のピアノに合わせて走り、音楽が止まったらすぐに動きを止めます。

ことばかけ例

先生がピアノを止めたら、すぐにストップしてくださいね。またピアノが鳴ったら走りますよ。よーく音楽を聴いてね。

Point！

強い音楽のときは大きく、弱い音楽のときは小さく動きます。動きの大きさ（空間の使い方）で強弱を表現します。

保育者は<かけ足の音楽>を弾きます。子どもは自由に動き、途中で演奏が止まったら、その場で止まります。

どんぐりころころのメロディーで

作曲 梁田　貞
編曲 神原雅之

2章

① 拍（ビート）と拍子

② テンポとダイナミクス

③ リズムパターン

④ フレーズ

⑤ ニュアンス

⑥ 音楽の形

⑦ ソルフェージュ

＜かけ足の音楽＞

軽やかに

＜走る〜ポーズの音楽＞

＜揺れる音楽＞

2 <走る〜ポーズの音楽>で「木」になる

どんな木に
なるのかな

<走る〜ポーズの音楽>の途中で、「ポーズの音」を弾いたら、子どもは木になって止まります。

音が止まったら
木のポーズ
をしてください

走る

どんな木かな

木のポーズ

太い木だ！

❶「木」を表現する

保育者は<走る〜ポーズの音楽>を弾きます。子どもは音楽に合わせて「走る」と「木のポーズ」をします。

❷ 音の強弱で「木」を表現する

保育者は<かけ足の音楽>と<走る〜ポーズの音楽>をランダムに弾きます。子どもは音楽を聴き分けて、走ったり、音の強弱に合った「木のポーズ」をしたりします。

3 <揺れる音楽>に合わせて「風」になる

ゆったり
気分で動く

保育者は<揺れる音楽>を強弱をつけて弾きます。「強い音楽のときは強い風、弱い音楽のときはそよ風になりましょう」と説明し、子どもは音楽を聴き分けて動きます。

ことばかけ例

音楽に合わせて、
風になってね。

大きい動き

小さい動き

Point！

ピアノを弾くときは、強弱の違いを明瞭にしましょう。弱いときは1オクターブ上で、強いときは1オクターブ低く弾いてもよいでしょう。

強い音楽のときは、大きな動きで強い風を表現します。

弱い音楽のときは、小さな動きで弱い風を表現します。

アレンジ♫

『どんぐりころころ』の途中で、<かけ足の音楽>に替えたり、また途中で『こぎつね』（p55）に替えたりして、即時的な応答を楽しみましょう。

どんぐりころころ

作詞 青木存義
作曲 梁田 貞

2章

① 拍（ビート）と拍子
② テンポとダイナミクス
③ リズムパターン
④ フレーズ
⑤ ニュアンス
⑥ 音楽の形
⑦ ソルフェージュ

4 『どんぐりころころ』を歌いながら動く

歌のストーリーを味わって

保育者は『どんぐりころころ』を強弱をつけながら弾きます。子どもは歌いながら、強弱の違いを聴きとって動きます。

♪どんぐりころころ　どんぶりこ
体の前でかいぐりをします。

♪おいけにはまって
両手で大きな池を作ります。

♪さあたいへん
驚いたポーズをします。

♪どじょうがでてきて
手のひらを合わせて、ゆらゆら動かし、どじょうを表現します。

♪こんにちは
おじぎをします。

♪ぼっちゃんいっしょに
2回ジャンプします。

♪あそびま
手を2つたたきます。

♪しょう
好きなポーズをとります。

テンポの変化に気づいて動く 3~4歳児

バスに乗っている気持ちで、さまざまな速さの変化を感じとって動きます。

  バスごっこ

| ねらい **1** | 歌の世界をイメージ して動く | 音楽に合わせて、バスに乗っているつもりで歩いたり動作をしたりします。 | → あそび **1** |
| ねらい **2** | テンポの変化に 気づく | テンポの変化を聴きとって、それに合わせた動きをします。 | → あそび **2** |

1 音楽に合わせて歩く、走る、止まる

バスに乗るワクワクした気持ちで

楽しいバスをイメージして歩いたり止まったり、歌詞の動作をしたりします。

♪ **あ**のところ
音楽に合わせて自由に動きます。

♪ **い**のところ
いったん止まり、「ハイ」と言いながら、切符を隣の人に渡す動作を4回します。

♪ **う**のところ
体を左右に揺らします。

♪ **え**のところ
ポケットに切符を入れるしぐさをします。

2章

① 拍(ビート)と 拍子

② テンポと ダイナミクス

③ リズム パターン

④ フレーズ

⑤ ニュアンス

⑥ 音楽の形

⑦ ソルフェージュ

バスごっこ

作詞 香山美子
作曲 湯山 昭

あ F
おおがたバス に のっ てます きっぷをじゅん に わたしてね F G7 C7

い C7 F C7 F
おとなりへ ハイ おとなりへ ハイ おとなりへ ハイ おとなりへ ハイ

う Gm F え C7 F
おわりのひと は ポケット に

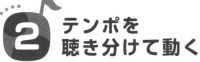

2 テンポを 聴き分けて動く

上り坂や下り坂を
イメージして

\ゆっくりのぼるぞ/ \速いぞ、下り坂だ/ \ストップ/

ことばかけ例

ゆっくりのテンポの
ときは坂道をゆっく
りのぼるように、速
いテンポのときは下
り坂を走るように、
動いてみましょう。

保育者は最初は普通のテンポで、次に遅いテンポ、次に速いテンポ、最後に普通のテンポで、など速さを変えてピアノを弾きます。
子どもはそれに合わせて、上り坂や下り坂をイメージして動きます。途中で音楽が止まったら、ブレーキをかけて止まりましょう。

テンポと
ダイナミクス

ダイナミクスの違いを表現する

3~4
歳児

うさぎとかめの模倣活動を通して、速さの違いを聴きとり、それに合わせて動いてみましょう。

♪ うさぎとかめ

ねらい **1**	ダイナミクスの違いに気づく	『うさぎとかめ』の速さの違いに気づきます。	➡	あそび **2** **3** **4**
ねらい **2**	ダイナミクスの違いを聴き分けて動く	速さの違いに反応して、体の動きで表現します。	➡	あそび **1** **2** **3** **4**

♪1 うさぎになって歩く

最初は普通のテンポで

保育者は、最初に『うさぎとかめ』を普通の速さで弾きます。

アレンジ ♫

なりきって歩く
うさぎになりきって、ピョンピョンと跳ねても楽しいです。

保育者は<うさぎとかめ　普通に歩くバージョン>を弾きます。子どもはうさぎのまねをして、♩のテンポで歩きます。

♪2 うさぎになって走る

ピョンピョン跳ねながら軽快に

かけ足バージョンの『うさぎとかめ』に合わせて、走ったり止まったりします。

かけあしだ

保育者は<うさぎとかめ　かけ足バージョン>の音楽を弾きます。子どもはうさぎのまねをして、♫のテンポで走り、途中で演奏が止まったらぴたりと止まります。止まったことを確認して、また弾き始めましょう。

うさぎとかめ

作詞 石原和三郎
作曲 納所弁次郎

2章
① 拍（ビート）と拍子
② テンポとダイナミクス
③ リズムパターン
④ フレーズ
⑤ ニュアンス
⑥ 音楽の形
⑦ ソルフェージュ

＜うさぎとかめ　普通に歩くバージョン＞

もしもしかめよ　かめさんよ　せかいの

うちで　おまえほど　あゆみの　のろい

ものはない　どうしてそんなにのろいのか

＜うさぎとかめ　かけ足バージョン＞

編曲 神原雅之

３ かめになって ゆっくり歩く

のそのそ
ゆったりと

ゆっくり歩くバージョンの『うさぎとかめ』に合わせて、
かめになって、♩のテンポで歩いたり止まったりします。

保育者は＜うさぎとかめ　ゆっくり歩くバージョン＞を途中で止めながら弾きます。
子どもはかめのまねをして歩き、音楽に合わせて止まります。

＜うさぎとかめ　ゆっくり歩くバージョン＞

編曲　神原雅之

4 即時的な応答を楽しむ

うさぎになったり
かめになったり

❶ ❷ ❸ を組み合わせ、音楽を聴き分けて動きます。

保育者は<普通に歩くバージョン>の途中に、<ゆっくり歩くバージョン>と<かけ足バージョン>を入れてピアノを弾き、
子どもはそれに合わせて、❶ ❷ ❸ のように動きます。

<普通に歩くバージョン>

うさぎのまねをして普通の速さで歩きます。

<かけ足バージョン>

うさぎのまねをして走ります。

<ゆっくり歩くバージョン>

かめのまねをして
ゆっくりと歩きます。

Point!

速い・遅いの違いの表現は、空間
の使い方を工夫します。速い音楽
のときは小さく、遅い音楽のとき
は大きく動くと、速さの違いを感
じやすくなります。

速い音楽＝小さく動く

遅い音楽＝大きく動く

① 拍（ビート）と拍子
② テンポとダイナミクス
③ リズムパターン
④ フレーズ
⑤ ニュアンス
⑥ 音楽の形
⑦ ソルフェージュ

強弱の変化を感じて表現する 3~4 歳児

強弱の違いを感じて動きましょう。手拍子や動作をしながら、
強弱の違いを楽しみます。

ちいさなおはな
さんぽ

| ねらい 1 | 音の強弱（大小）を感じる | 音の強弱を体の動きで表します。 | → あそび 1 2 |
| ねらい 2 | 音の強弱を表現しながら歌う | 耳と目で音の強弱を感じながら、動きを連動させます。 | → あそび 3 |

1 大小の花をイメージする

大きな花、小さな花を表現する

保育者は、唱え言葉の強弱を意識して唱えます。子どもは
唱え言葉に合わせて、大小のスカーフの花を咲かせましょ
う。

唱え言葉①
スカーフ（またはハンカチ）を両手でしっかり包みます。
パッで小さく開きます。

唱え言葉②
再び、スカーフを両手でしっかり包みます。
パッで大きく開きます。

唱え言葉③
②のスカーフを両手で包み込んでいきます。
体もつぼみのように小さくします。

唱え言葉④
保育者の唱え言葉が大きくなるのに合わせて、縮こまったスカーフも
体も少しずつ大きくなり、最後に、パッと開いて体ものばします。

♪♪♪ ちいさなおはな（唱え言葉）

作詞 神原雅之

① *p* ～～～ *pp*
　ちい　さ　な　お　は　な　ちい　さ　な　お　は　な　パッ

② *f* ～～～ *ff*
　おお　き　な　お　は　な　おお　き　な　お　は　な　パッ

③ *ff* ～ *f* ～ *mp* ～ *p* ～ *pp*
　おお　き　な　お　は　な　は　だん　だん　し　ぼん　で　ちい　さ　な　お　は　な　に　なり　ま　し　た　パッ

④ *pp* ～ *p* ～ *mp* ～ *mf* ～ *f* ～ *ff*
　ちい　さ　な　お　は　な　だん　だん　おお　き　く　だん　だん　おお　き　く　だん　だん　おお　き　く　なり　ま　し　た　パッ

2 4拍の大小を聴きとってまねる

> 強弱の動きを表す

保育者は、4つの拍を強弱を変えてたたきます。子どももまねて一緒にたたきましょう。

保育者は、「強─弱─弱─弱」や「強─弱─弱─強」「弱─強─強─強」など強弱をつけて、4拍の手拍子をします。子どもはそれを聴きとりながらまねます。

Point!

強は高い位置でたたき、弱は低い位置でたたくなど、目でも理解できるようにしましょう。

アレンジ♫

テンポの違いも表現

強弱に合わせて手拍子するとき、テンポの違いにも留意しましょう。例えば、テンポがゆっくりのときは空間を大きく用いて、テンポが速いときは空間を狭くして手をたたくようにしましょう。

2章
① 拍（ビート）と拍子
② テンポとダイナミクス
③ リズムパターン
④ フレーズ
⑤ ニュアンス
⑥ 音楽の形
⑦ ソルフェージュ

75

♪ 3 強弱を判断し、手をたたく

カードの動きを見て反応する

保育者は、「さんぽ」を歌いながら歌の強弱に合わせてカードを上げ下げします。子どもはカードを見て、手のたたき方や声の強弱を変えます。カードは、本やハンカチなど身の回りにあるもので代用できます。色も自由でかまいません。

おなかに持ったときは ふつうの強さで 手をたたいてください

上に上げたときは 手を強くたたいてください

下に下げたときは 手を弱くたたいてください

カードの上げ方と手のたたき方の対応を説明します。

保育者は、歌いながら音楽にのってカードを上げ下げします。子どもは、カードが上がったときは強く、手をたたきながら歌います。

カードが下がったときは弱く、手をたたきながら歌います。

さんぽ

作詞 中川李枝子
作曲 久石 譲

テンポと
ダイナミクス

強弱の変化を味わう

三部形式［A-B-A］の曲です。強弱をつけて表現しましょう。

世界中の
こどもたちが

ねらい 1 速さや強弱の
変化を楽しむ

拍の流れにのって、速さや強弱を変えて
歌いましょう。 →

あそび
1

ねらい 2 同調して動くことを
楽しむ

保育者の示す動きに応答して、遊ぶ楽し
さを味わいます。 →

あそび
1 2 3

---

1 歌いながら
手をたたく

速さや強弱の
変化を楽しむ

保育者は手拍子をして、速さや強弱を変えながら
歌います。子どもはまねをします。

2 歌う＋動く

動きに気持ちをとられて
歌を忘れないように

保育者は動きを変えながら歌います。
子どもは歌いながらそれをまねします。

★・ヒント

上や下で手をたたい
たり、ひざをたたい
たり、平泳ぎのよう
な動きなど…。

3 音楽の休止を
予感する

どこで止まるかな？
予感できるかな？

ストップ

保育者は2小節や4小節のフ
レーズのまとまりのところで、
手拍子と歌をストップします。
子どもたちは、保育者の動き
と一緒の動きをします。

Point!

1 2 3 は、メロディ
やリズムの違いを感じと
れるように、フレーズのま
とまりごとに、手拍子や
動きの大きさや方向
を変えてみましょう。

世界中のこどもたちが

作詞 新沢としひこ
作曲 中川ひろたか

「だんだん強く」音階を表す 4~5 歳児

音階が上がるにつれ、だんだん強く歌います。体の動きもだんだん大きくしましょう。

ドレミのうた

ねらい **1**	音階が上がるのに合わせて強く歌う	上がっていく音階に合わせて、だんだん強く歌いましょう。	→ あそび ♪ **1** **2** **3** **4**
ねらい **2**	音階が上がるのに合わせて動く	上がっていく音階に合わせて、体の動きをだんだん大きくしてみましょう。	→ あそび ♪ **1** **2** **3** **4**

 1 だんだん強く歌い、手を上げていく

高い音ほど強くダイナミックに

音が上がるにつれてだんだん声を大きく、手振りを高くしていきます。

ド ♪ ⑧のところ　　レ ♪ ⑩のところ　　ミ ♪ ⑨のところ　　ファ ♪ ⑥のところ

ソ ♪ ⑯のところ　　ラ ♪ ⑰のところ　　シ ♪ ⑱のところ

Point!

まずは歌を歌うだけ。次に保育者の歌に合わせて手振り、次に歌いながら手振りをするなど、段階を経ながら慣れていきましょう。

ドからシへと徐々に声を大きくして歌います。初めは小さな声から始めましょう。次に、手をさしだして歌います。音の高さに応じて、手を上げていきます。低い位置から始めましょう。

ドレミのうた

訳詞 ペギー葉山
作曲 リチャード・ロジャーズ

あ ／ い
C ／ G7

1. ド　は　ドー　ナ　ツ　の　ド　　レ　は　レ　モ　ン　の　レ　　―
2. ど　ん　な　と　き　に　も　　れ　つ　を　―　く　ん　で　　―

う ／ え
C ／ G7

ミ　は　み　ん　な　の　ミ　　ファ　は　ファ　イ　ト　の　ファ　　―
み　ん　な　た　の　し　く　　ファ　イ　ト　を　も　っ　て　　―

お ／ か
C　C7　F　D　D7　G

ソ　は　あ　お　い　そ　ら　　―　ラ　は　ラ　ッ　パ　の　ラ　　―
そ　ら　を　あ　お　い　で　　―　ラン　ラ　ラ　ラ　ラ　ラ　　―

き ／ く
E　E7　Am　C7　F　G7　C

シ　は　し　あ　わ　せ　よ　　―　さ　あ　う　た　い　ま　しょう　　―
し　あ　わ　せ　の　う　た　　―　さ　あ　う　た　い　ま　しょう　　―

DO-RE-MI
Lyrics by Oscar Hammerstein II
Music by Richard Rodgers

アレンジ♫

音に合わせて動きを変える

音階が上がるにしたがって、両手をだんだん高くしながら動作を変えていきます。ドは手をひざ、レは腰、ミはおなかを押さえます。ファは両手を胸の前で交差、ソは手を肩に、ラは両手を横に開き、シは手を耳に、ドは頭に置くなどしましょう。

♪2 だんだん動きを大きくして歌う

高い音ほど大きく動く

ドからシへと、だんだん動きを大きくしながら歌います。

ことばかけ例

高い音は、声も自然と大きくなるでしょう?

ド

♪ⓐのところ
小さくしゃがみます。

レ

♪ⓘのところ
すねをさわります。

ミ

♪ⓤのところ
ひざをさわります。

ファ

♪ⓔのところ
腰に手を当てます。

ソ

♪ⓞのところ
手を少し横に広げます。

ラ

♪ⓚのところ
広げた手を少し上に上げます。

シ

♪ⓢのところ
手を横に大きく広げます。

♪ⓒのところ
背伸びをします。

Point!

音階は上に行くほど音は強く、下に行くほど音は弱くなります。「小さい」「大きい」の動きをつけて、使う空間の違いで強弱を感じられるように、「はじめは小さいよ」など、空間を意識する言葉かけをしましょう。

音が弱い＝空間が狭い

音が強い＝空間が広い

3 音の階段を指さして歌う

> 音の階段を上っていくよ

音の階段を描き、それを指さしながら歌います。

音の階段の周りに集まり、保育者が1つずつ音符を指さしながら一緒に歌います。

Point !

低いドと高いシを指して見せて、指の位置の高さの違いを目で見せ、空間の違いを感じとってもらいましょう。

4 グループで一緒に動く

> 息を合わせて

手をつないで、揺れながら動いてみましょう。
音階が上がるにつれて、高くなって揺れます。

> ことばかけ例
>
> だんだん高くなりますよ。

3〜5人程度のグループで手をつなぎ（またはフープを持って）、つないだ手を揺らしながら歌います。はじめは低く小さく、音階が上がるにしたがって上に伸びて大きく揺らします。最後は背伸びをするまで大きくしましょう。

2 音

① 拍（ビート）と拍子

② テンポとダイナミクス

③ リズムパターン

④ フレーズ

⑤ ニュアンス

⑥ 音楽の形

⑦ ソルフェージュ

言葉のリズムに親しむ

1-2 歳児

思わず体を揺らして歌いたくなる愉快な歌。歌詞の「Zoo」と「You」は、子どもが真っ先に覚えて一緒に歌ってくれることでしょう。

 動物園へ行こう

ねらい 1 言葉をリズミカルに唱える

韻を踏んでいる「Zoo（ズー）」と「You（ユー）」「Go（ゴー）」の部分を、リズムに合わせて声や動きで表現しましょう。

➡ あそび 1 2 3

---

1 歌いながら体を左右に揺らす

リズムにのって！

リズミカルに体を揺らします。

拍に合わせて、1小節ずつ体を左右に揺らします。

曲の終わりまで、2つの動きを繰り返します。

---

2 手の振りをつけて歌う

言葉に合わせてキメる！

「Zoo」「You」「Go」のところは、手振りをつけて歌います。

♪ Zoo Zoo Zoo
両手を3回上げます。

♪ You You You
指さしを3回します。

♪ Go Go Go
手をグーにして、上に3回突き上げます。

動物園へ行こう

作詞 海野洋司
作曲 T.Paxton

1. どうぶつえん　へ　はり　　いな　　こういよぞた　　みブ　んなで　　いゆお　これうるよぞだ
2. ぞうのハナ　はり　　なみ　がつけた　　ラロ　ラブキョラ　　　　　　　　サ
3. あかいおし

どうぶつえん　は　　Zoo!　てんだはり　　さあ　いこせす　　ういる　さあもうもうすぐいる
エンピッみた　いな　　おノ　ヒゲソリ　　オック　とびす　　なんでで
くろいくま　は

Zoo　Zoo　　Zoo　きみも　　You　You　　You　おいでな
Zoo　Zoo　　Zoo　ぞうは　　ゾー　ゾー　　ゾー　おハナ
Zoo　Zoo　　Zoo　サルは　　キャッ　キャッ　　キャッ　くまは

Go　Go　　Go　そらきたきた　　Zoo　Zoo　Zoo
ブン　ブン　　ブン　さあごらんよな　　Zoo　Zoo　Zoo
Uoo　Uoo　　Uoo　ほらゆかいな　　Zoo　Zoo　Zoo

3　動物をまねる　　動物になりきって元気に

保育者が示した動物になりきって動きます。

歌いながら保育者は、歌詞に登場する動物を示します。
子どもはその動物になりきって動きます。

ぞうさん！

「ティティター」のリズムに親しむ

2~3 歳児

陽気な曲調、速いテンポで踊るポルカのリズムにのりましょう。
体と歌（言葉）が調和します。

 やまのポルカ

| ねらい **1** | ティティターの リズムに親しむ | 「ティティター（♫ ♩）」のリズムにのって、手やひざをたたきます。 | → | あそび **1** |
| ねらい **2** | 歌いながら 楽しく動く | 『やまのポルカ』を歌いながら、楽しく動きましょう。 | → | あそび **1** **2** |

1 ティティターの リズムでたたく

ティティとターを
感じて

ティティター（♫ ♩）のリズムをたたきながら、歌を聴きます。

ティティ	ター
♫	♩

ティティ（♫）

ター（♩）

♪〜

まず、子どもたちと「ティティター」と言いながら、ティティ（♫）は手を2回、ター（♩）はひざを1回たたいてリズムに慣れます。
次に保育者が『やまのポルカ』を歌い、子どもがティティター（♫ ♩）をたたきます。

やまのポルカ

作詞 芙龍明子
チェコ民謡
編曲 たなかかなた

2 章

① 拍（ビート）と 拍子

② テンポと ダイナミクス

③ リズム パターン

④ フレーズ

⑤ ニュアンス

⑥ 音楽の形

⑦ ソルフェージュ

やまの　すきな　おじさんは　いつも　しゃれた　あかいシャツ　とりの　うたを　ききながら　きょうも　ポルカ　おどります

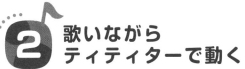

② 歌いながら ティティターで動く

リズムにのって テンポよく

3つの音のまとまりを感じながら、ティティターの リズムで手をたたいたり、ステップしたりします。

♪やまの
右側で手を3つたたきます。

♪すきな
左側で手を3つたたきます。

♪おじさん
右に3歩ステップします。

♪はー
左に3歩ステップします。

曲の終わりまで、同様に繰り返します。

リズムパターンの違いを楽しむ

3〜4 歳児

いぬ、ことり、ぞうの鳴き声をリズミカルに唱えます。模倣を通してリズムパターン（リズム型）の違いに親しみましょう。

 フレールジャック

ねらい 1 **リズム型に親しむ**

「ター（♩）」「ティティ（♫）」「ターアン（♩）」を唱え、リズム型に親しみながら識別します。 ➡ **あそび** **1** **2** **3**

---

1 **動物の鳴き声を唱える**

リズミカルに鳴きまねをしよう

保育者と一緒にいぬ、ことり、ぞうの鳴き声を、身振りをつけながら唱えます。

ター	ティティ	ターアン
♩	♫	♩

子どもは、保育者のまねをして、いぬの鳴き声を唱えながら、いぬの動きをします。

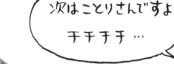

同様に、ことりの鳴き声と動きをします。

ことばかけ例

先生の動きをよく見て、まねしてくださいね。

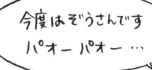

同様にぞうの鳴き声と動きをします。

Point！

保育者は、時々ポーズを変えましょう。

フレールジャック

作詞 神原雅之
フランス民謡

2 章

1 拍（ビート）と拍子

2 テンポとダイナミクス

3 リズムパターン

4 フレーズ

5 ニュアンス

6 音楽の形

7 ソルフェージュ

ワン　ワン　ワン　ワン　　ワン　ワン　ワン　ワン　　ワン　ワン　パオー　　ワン　ワン　パオー

チ　チ　チ　チ　ワン　ワン　　チ　チ　チ　チ　ワン　ワン　　ワン　ワン　パオー　　ワン　ワン　パオー

2 カードを見て鳴き声を唱える

リズミカルに唱える

いぬ、ことり、ぞうの絵カードを用意し、提示したカードの鳴き声を唱えます。

保育者は、絵カードをよく見えるように子どもに示します。子どもの様子を見ながら、絵カードを次々と差し替えていきます。

3 リズムを分担して唱える

グループでかけ合いを楽しむ

3つのグループに分かれて、鳴き声を唱えます。

①いぬ、ことり、ぞうの3グループに分かれ、保育者が指したグループだけがその鳴き声を唱えます。

②慣れてきたら、『フレールジャック』の旋律で、自分の担当するリズムのときに唱えます。

Point!

音程は意識しなくてかまいません。

アレンジ♪

鳴き声を唱えながら

いぬはタンブリン、ことりはカスタネット（ウッドブロック）、ぞうは太鼓など、鳴き声を唱えながら身近な楽器をたたいてみましょう。

「ターティティ」のリズムに親しむ 3~4歳児

DVD 7

一定のリズムパターンが繰り返される曲で、「ターティティ」のリズムに親しみましょう。

🎵 10人のインディアン
狩人の踊り

ねらい1 イメージあそびを楽しむ
曲に合わせて、リズムにのって楽しみます。
➡ あそび ① ② ③ ④

ねらい2 ターティティのリズムを唱える
「ターティティ(♩♫)」のリズムを唱えながら、手をたたく、足踏みをするなど、体の動きと調和させながら楽しみます。
➡ あそび ② ③ ④

 1 数えあそびを楽しむ

💬 リズムの中で立つよ

保育者に数えてもらいながら、ターティティ(♩♫)のリズムに親しみます。

ター	ティティ
♩	♫

子どもは円陣になって座ります。保育者は曲に合わせて、子どもに1人ずつタッチしていき、触られた子どもは立ちます。

Point!
クラスの人数が10人より多いときは、11人、12人、13人…と全員を数えましょう。

90

2 章

① 拍（ビート）と拍子

② テンポとダイナミクス

③ リズムパターン

④ フレーズ

⑤ ニュアンス

⑥ 音楽の形

⑦ ソルフェージュ

10人のインディアン

訳詞 高田三九三
アメリカ民謡

ひ　と　り　ふ　た　り　　さん　にん　いる　よ　　よ　にん　ご　にん　　ろく　にん　いる　よ

しち　にん　はち　にん　　く　にん　いる　よ　　インディアンが　じゅ　う　　にん

2 ターティティのリズムを動作で表す

リズムパターンに親しむ

さあ、楽しい踊りの呪文、ターティティを唱えましょう

「ターティティ（♩♫）」を唱えながら動く説明をします。

ター　　　　ティティ

「ター」でひざをたたき、「ティティ」で手を上げます。

※「インディアン」は、今日では「ネイティブアメリカン」と呼ばれることが多くなっていますが、本書では幼児にも親しまれている曲として使用しています。

Point！

ター（♩）の2分割がティティ（♫）です。ターティティ（♩♫）に慣れたら「ティティター（♫♩）」「ターターティティター（♩♩♫♩）」など、さまざまなリズムパターンに親しみましょう。

アレンジ♫

ターティティをステップ
慣れたら、ターティティをステップしてみましょう。

ター

① 大きく1歩前に出ます。

ティティ

小さな歩幅で2歩前に出ます。

3 『狩人の踊り』を踊る

『狩人の踊り』に合わせて、イメージしながら踊ります。

狩りに行くイメージで

アレンジ ♫

簡単なお話を作って
「獲物が来たぞ！」と槍を持ったつもりで狩りへ！　獲物を仕留めて喜びの踊りを捧げるなど、音楽と動きでお話を展開するのもおもしろいですね。

ター　　ティティ

♪ ⓐのところ
手を腰にあてて、ひざを4回曲げます。

♪ ⓘのところ（2回繰り返す）
ひざを「ターティティ」のリズムで、「ター」で強く1回、「ティティ」で軽く2回たたきます。

ヤー

あ、獲物を見つけたぞ！

どこだ？

♪ ⓒのところ（2回繰り返す）
槍を持ったつもりで、1拍ずつ手を上に突き上げます。「ヤー」のところで、軽くジャンプします。

再び♪ ⓘのところ（2回繰り返す）
手を腰にあてて、ひざを4回曲げます。

曲が終わったら
保育者が「あ、獲物を見つけたぞ！」と言い、子どもは獲物になって急いで隠れたり、捕える人になって獲物に近づいたりします。見つけたら再び踊ります。

狩人の踊り

作曲 たなかなた

あ

い

Fine

う

「ヤー」

D.S. al Fine

4 段ボール太鼓で「ターティティ」をたたいてみよう

リズムに合わせて太鼓をたたこう

段ボール太鼓で『狩人の踊り』の音楽に合わせて、「ターティティ」のリズムをたたきましょう。

Point!

〈段ボール太鼓〉
四角い段ボール箱を、布クラフトテープで補強して作ります。空気がもれないように、端をしっかり目張りすると、いい音がします。

アレンジ

歌いながらリズムをたたく
『10人のインディアン』を歌いながら、「ターティティ」のリズムをたたきましょう。

2章
① 拍（ビート）と拍子
② テンポとダイナミクス
③ リズムパターン
④ フレーズ
⑤ ニュアンス
⑥ 音楽の形
⑦ ソルフェージュ

「ティティティティタースン」のリズムに親しむ

ことりの鳴き声のリズムが「ティティティティタースン」の、とってもかわいらしい歌です。リズムを感じながら、軽やかに表しましょう。

 ♪ ことりのうた

| ねらい 1 | リズム型に合わせて動く | 「ティティティティタースン（♫♫♩𝄾）」は、まとまりを感じとりやすいリズム型です。このリズム型を動いてみましょう。 | あそび 1 2 3 |
| ねらい 2 | イメージして動く | ことりの様子をイメージしながら動いてみましょう。 | あそび 1 2 3 |

1 指を合わせて ティティティティタースン

ことりさんのようにかわいらしく

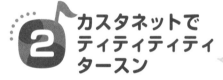

| ティティ | ティティ | ター | スン |
| ♫ | ♫ | ♩ | 𝄾 |

『ことりのうた』を歌います。鳴き声のところは、人さし指を「ティティティティター」と打ち合わせながら歌います。「スン」で指先を離します。

2 カスタネットで ティティティティ タースン

やさしくはずんで

『ことりのうた』を歌います。鳴き声のところは、カスタネットを「ティティティティター」と打ちながら歌を歌います。「スン」のところでは、休みます。

Point!

歌の鳴き声のところは、ドレミファソと音階が上行しています。上行のときはクレッシェンド（だんだん強く）でたたくのが音楽の基本です。

ことりのうた

作詞 与田凖一
作曲 芥川也寸志

こ と り は とっ て も う た が すき　か あ さ ん よ ぶ の も う た で よぶ

ピ ピ ピ ピ ピ　　チ チ チ チ チ　　ピ チ ク リ ピィ

2 章
① 拍（ビート）と 拍子
② テンポと ダイナミクス
③ リズム パターン
④ フレーズ
⑤ ニュアンス
⑥ 音楽の形
⑦ ソルフェージュ

3 体を動かしながら ティティティティタースン

> 歌の表情に合わせて豊かに歌おう、踊ろう

体をゆらしたり小走りしたりスキップしたり、歌の表情に合わせて楽しく動きます。

♪ことりはとっても　うたがすき
　かあさんよぶのも　うたでよぶ
体を左右に、はずむように揺らしながら歌います。

ピピピ ピピ

♪ピピピピピ
5歩、小走りします。

アレンジ♪

歌詞の身振りで
歌詞に合わせて、身振りを入れて歌ってみるのもよいでしょう。

チチチチチ

♪チチチチチ
反対向きに5歩、小走りします。

ピチクリ ピィ

♪ピチクリピィ
ゆったりスキップをします。

リズム
パターン

「ティターティ」のリズムに親しむ 4~5歳児

裏拍を感じるシンコペーションのリズム「ティターティ」が、何回も登場します。手拍子や手合わせなどの動きで、シンコペーションを感じとりましょう。

 アイアイ

ねらい 1 「ティターティ（♪♩♪）」の リズムを唱える、たたく

手拍子やステップなどで、シンコペーションのリズムに親しみます。 → あそび **1** **2**

---

 1 シンコペーションのリズムで ひざや手をたたく

ティターティと 元気よく

「ティターティ」のところは、歌いながら手をたたきます。

ティ	ター	ティ
♪	♩	♪

「ター（♩）」のリズムで、ひざをたたきながら歌います。

右の楽譜の赤枠のところに来たら、「ティターティ（♪♩♪）」のリズムで手でたたきます。はじめの1つの赤枠から始めて、慣れてきたら、ほかの赤枠のところも手をたたきます。

Point！

シンコペーションとは、強い拍と弱い拍の位置を変えて、リズムに変化を与えることです。

---

 2 歌いながら2人組で シンコペーション

ターティで気持ち を合わせて

ティ　♪　　　　　ターティ　♩♪

向かい合って体を揺らしながら歌い、手をたたきます。赤枠のターティ（♩♪）のところで手合わせをします。

アレンジ♫

「ティターティ」で軽やかにステップ
足でステップをしてみましょう。

ティ　　　　　ターティ

アイアイ

作詞 相田裕美
作曲 宇野誠一郎

2章

① 拍（ビート）と拍子

② テンポとダイナミクス

③ リズムパターン

④ フレーズ

⑤ ニュアンス

⑥ 音楽の形

⑦ ソルフェージュ

リズム
パターン

「ターターティティター」のリズムに親しむ 4~5 歳児

「ター」のあとに「ティティ」のリズムが続きます。「ターター
ティティター」の動きを通して、リズムになじみましょう。

♪ こいぬのビンゴ

	ねらい 1	リズムに親しむ	歌に合わせて手をたたいたり、動いたりして、リズムを楽しみます。	→	あそび 1 2 3 4
	ねらい 2	拍の区切りを意識する	「B–I–N–G–O」のところを1人ずつ分担して手をたたいたり、跳んだりします。	→	あそび 3 4

1 歌いながら「BINGO」でひざや手をたたく

ビートに慣れよう

ター	ター	ティティ	ター
♩	♩	♫	♩

Point!

保育者の歌を聴きながら、楽しんで参加することを大切にしましょう。

『こいぬのビンゴ』を歌います。初めて歌うときは、「ター（♩）」の
リズムでひざをたたきながら、保育者の歌を聴きましょう。

黒板に「BINGO」と書き、それを指さしながら歌います。

次に、「BINGO」のところを「ターターティティター
（♩♩♫♩）」と手をたたきながら、歌います。

こいぬのビンゴ

訳詞 志摩 桂
アメリカ曲

ビンゴ ビンゴ しってる かい　こいぬの なまえは　ビン　ゴ　　BI　　N G O
BINGO　BINGO　の　ビンゴは かわいい　ね

2章

1 拍(ビート)と拍子

2 テンポとダイナミクス

3 リズムパターン

4 フレーズ

5 ニュアンス

6 音楽の形

7 ソルフェージュ

② 「BINGO」の手をたたくところを変えて楽しむ

たたくところが増えていくよ

ことばかけ例

だんだんたたくところが増えていきますよ。

は手をたたくところ、は歌詞を歌うところです。

	B	I	N	G	O
1		アイ	エヌ	ジー	オー
2			エヌ	ジー	オー
3				ジー	オー
4					オー
5					

1回目（1コーラス）は、「B」のときだけ手をたたき、「I」「N」「G」「O」は歌います。

2回目（2コーラス）では、「B」「I」をたたき、「N」「G」「O」は歌います。

以下、手をたたくところを1つずつ増やしていきます。

3 順番に手をたたく

拍のタイミングでたたこう

輪になって順番に「B-I-N-G-O」で手をたたきます。

スタート！… I
B
I
N G
B
O

輪になって立ち、『こいぬのビンゴ』を歌います。「B-I-N-G-O」のところは
1人ずつ順番に手をたたきます。

○○さんから
B-I-N-G-Oの
順番で手をたたきましょう

NとGは
ちょっと忙しいよ

Point！

ビートの流れを大切にしましょう。あらかじめ「B-I-N-G-O」を順に担当することを伝え、リズムの流れを予測します。

スタート！… I
B
I
N G
B
O

慣れてきたら、「B」の人だけ頭の上で手をたたきます。

2章

① 拍（ビート）と拍子

② テンポとダイナミクス

③ リズムパターン

④ フレーズ

⑤ ニュアンス

⑥ 音楽の形

⑦ ソルフェージュ

④ 順番に別の動きをする

テンポにのって盛り上がる

ことばかけ例

最初に、「BINGO」の動きをどうやるか、練習してみましょう。

横一列に並んで歌います。「B-I-N-G-O」のそれぞれで、別の動きをします。

B	I	N-G	O

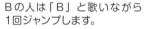

Bの人は「B」と歌いながら1回ジャンプします。

Iの人は「I」と歌いながら手を1つたたきます。

NとGの人は「NG」と歌いながら、向かい合って手を合わせます。

Oの人は「O」と歌いながら、ひざを1回たたきます。

③ と同様に輪になって歌います。「B-I-N-G-O」のそれぞれで、上の動きをします。

＼スタート／

アレンジ 🎵

ゆっくりなテンポや自由なポーズで

・ゆっくりなテンポでも動いてみましょう。そのとき、ビートの流れを見失わないように留意しましょう。

・「BINGO」と歌うところで、順に手をたたくかわりに自由にポーズをとるのも楽しいですね。

チャチャチャのリズムを楽しむ 4~5歳児

手をたたいたり動いたりして、チャチャチャのリズム（♫ ♪）を楽しみましょう。ノリノリの感じでやってみましょう。

 おもちゃの
チャチャチャ

ねらい 1	歌詞に合わせて動きを楽しむ	「おもちゃのチャチャチャ」を歌いながら、リズミカルに動きます。	➡ あそび 1 2 3 4
ねらい 2	友達との協同を楽しむ	友達と一緒に手をたたいたり、動いたりして、一緒に音楽に参加することを楽しみましょう。	➡ あそび 2 3 4

1 体を揺らしながら歌う

みんなで
ノリノリで歌おう

歌詞に合わせて、体を左右に動かしながら歌いましょう。

アレンジ ♫

歌詞やリズムを変えて

・「チャチャチャ」を「ポンポコポン」や「チロチロリン」のように変えたりして歌ってみましょう。
・「チャチャチャ」に慣れたら、「チャーチャチャ」や「チャチャーチャチャー」など、リズム型を変えてみましょう。

友達と一緒に体を左右に動かしながら、『おもちゃのチャチャチャ』を歌います。ノリノリで歌いましょう。

2 チャチャチャのところで手をたたく

元気に
チャチャチャ

歌いながら、チャチャチャ（楽譜の×のところ）で拍に合わせて手をたたきます。

♪ ⓐ～ⓘのところ
手を顔の横に置き、「チャチャチャ」で手をたたきます。

♪ ⓤのところ
「チャチャチャ」で手をたたき、そのあとは手を顔の横に置きます。

♪ ⓔのところ
手をたたきます。

おもちゃのチャチャチャ

作詞 野坂昭如　補詞 吉岡 治
作曲 越部信義

3 言われた数だけ手をたたく

手拍子がそろうと気持ちいい！

⑦まで歌ったら、保育者が数を言います。
子どもは言われた数だけ手をたたきます。

2つ

♪おもちゃの　「ひとつ　ふたつ」
チャチャチャ　チャチャチャ

Point!

「ひとつ、ふたつ……」と唱えながら、たたきましょう。
数が増えるにしたがって、だんだん強くたたいてみましょう。あるいは逆に、数が増えるにしたがって、だんだん弱くたたいてみましょう。

3つ

♪おもちゃの　「ひ　と　つ　　ふ　た　つ　　み　っ　つ」
チャチャチャ　チャチャチャ　チャチャチャ

4つ

♪おもちゃの　「ひ　と　つ　　ふ　た　つ　　み　っ　つ　　よ　っ　つ」
チャチャチャ　チャチャチャ　チャチャチャ　チャチャチャ

アレンジ♫

打楽器でチャチャチャ！

タンブリンやカスタネット、ウッドブロックなどの楽器でたたいてみましょう。順番でたたいたり、いっせいにたたいたりと変化をつけて。いろいろな打楽器で表現してみましょう。

タンブリン

タンタンタン

カスタネット

カッカッカッ

ウッドブロック

カンコンカン

4 振付を楽しむ

リズミカルに踊ろう！

リズミカルに振付を踊りましょう。手をたたく場所は体の右や左、下など違うところにしてもいいですね。

♪ あのところ
「チャチャチャ」で手をたたきます。

♪ いのところ
「チャチャチャ」で、頭の上で手をたたきます。

♪ うのところ
しゃがみます。

♪ えのところ
立ち上がり、下から上に向かって、「チャチャチャ」と3つ手をたたきます。

♪ おのところ
両手をキラキラさせながら、円を描きます。

♪ かのところ
両手で眠っているポーズをして揺れます。

♪ きのところ
両手でクルクルしながら、しゃがみます。

♪ くのところ
ポンと跳ねてポーズします。

♪ けのところ
自由に動き、「チャチャチャ」で手をたたきます（右・前・左などで）。

こ〜すのところは、あ〜えの動きを繰り返します。

2章
① 拍（ビート）と拍子
② テンポとダイナミクス
③ リズムパターン
④ フレーズ
⑤ ニュアンス
⑥ 音楽の形
⑦ ソルフェージュ

歌に合わせた動きに親しむ

1~2 歳児

フレーズは、音楽のまとまりのことをいいます。この曲の使用音はド〜ラまでの6音で、小さい子どもにもなじみやすいのが特徴です。動きをつけて楽しみましょう。

あくしゅで
こんにちは

| ねらい**1** | 歌に合わせて動く | オノマトペを、体全体を使って表しましょう。 | ➡ あそび **1** **2** |
| ねらい**2** | 保育者や友達との関わりを楽しむ | 「あくしゅでこんにちは」で友達や保育者と挨拶し、コミュニケーションを楽しみます。 | ➡ あそび **1** **2** |

1 身振りを楽しむ

音楽に合わせて楽しく

Point!

フレーズごとに、身振りや動きが変化します。音楽に合わせて、身振りをリズミカルに表現しましょう。

「てくてく」「もにゃもにゃ」のオノマトペ（擬音語、擬態語）の動きを体で表現します。

♪（1番）あのところ
拍子に合わせて歩きます。

♪ いのところ
立ち止まり、出会った人と握手をします。

♪ うのところ
手を合わせます。

♪（2番）あのところ
手を口元で動かして、おしゃべりをする振りをします。

♪ い〜うのところ
1番と同様に行います。

あくしゅでこんにちは

作詞 まど・みちお
作曲 渡辺 茂

2章

① 拍(ビート)と拍子
② テンポとダイナミクス
③ リズムパターン
④ フレーズ
⑤ ニュアンス
⑥ 音楽の形
⑦ ソルフェージュ

2 オノマトペを楽しむ

言葉の響きを楽しんで

保育者がいろいろなオノマトペを唱えて、その動きを自由に楽しみます。

例：「ひらひらひらひら　おててを上げて」

例：「くるくるくるくる　回ってみて」

Point!

この年齢は、言葉とリズムを正確に合わせることはまだむずかしいので、遊びに参加していることが重要です。音楽と一緒に動く心地よさを味わいましょう。

アレンジ♪

自由なオノマトペで
「もこもこ」「ほわほわ」「シュルシュル」など、おもしろい言葉を唱え、自由に動いてみましょう。

歌いながら動く

幼い子どもでも動きやすいシンプルな [A-B-A] 形式の曲です。フレーズを感じながら動きましょう。

ぶんぶんぶん

ねらい 1	フレーズに親しむ	音楽のまとまり（フレーズ）を感じましょう。	➡ あそび ① ②
ねらい 2	フレーズを聴き分けて動く	フレーズの違いを感じながら動きます。	➡ あそび ① ②

① 2つのパートを聴いて動く

2つのフレーズを感じる

[A—B—A] 形式のAとBで、歩く—走るという違う動きをします。

♪ A のところ

♪ B のところ

歌いながら動きます。 A のところは歩きます。 B のところは走ります。

アレンジ♫

2つに分かれて動く

歌の動き（歩く・走る）に慣れてきたら、2つのグループ、「花」と「はち」に分かれます。

「花」の人は、部屋の中で花になってポーズをします。「はち」の人は、花の間を歩いたり走ったりします。グループを交代して繰り返しましょう。

「花」の人

「はち」の人

ぶんぶんぶん

作詞　村野四郎
ボヘミア民謡

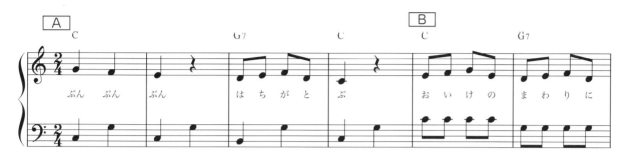

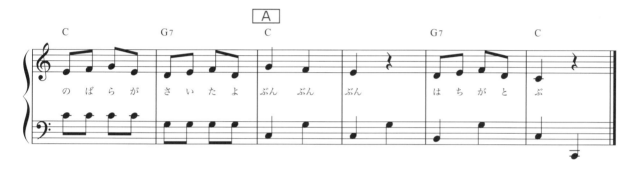

2 音

① 拍（ビート）と拍子

② テンポとダイナミクス

③ リズムパターン

④ フレーズ

⑤ ニュアンス

⑥ 音楽の形

⑦ ソルフェージュ

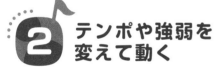

2 テンポや強弱を変えて動く

どんなはちさんかな？

ピアノのテンポを遅くしたり、強弱をつけたりするのに合わせて、大きな太っちょのはちや、赤ちゃんはちなどになって、動いてみましょう。

♪ぶんぶんぶん　はちがとぶ
「太っちょのはちさんになってみましょう」と言い、ピアノを強くゆっくりと弾きます。

♪おいけのまわりに　のばらがさいたよ
「かわいい赤ちゃんはちですよ」と言って、ピアノを弱く速く弾きます。1オクターブ高い音で弾いてもよいでしょう。

Point!

Aパートは「ぶんぶんぶん　はちがとぶ」、Bパートは「おいけの〜さいたよ」で成り立っています。AとBの音楽に合わせて、動きを変えて楽しみましょう。

身振りをしながら歌う

身振りを交えて歌うことで、子どもの想像力を育みます。
楽しみながら音楽に親しめる活動です。

 いとまきのうた

| ねらい1 | 歌いながら動く | 音楽のまとまりを感じながら、振りをつけて動きます。 | → | あそび 1 2 3 |
| ねらい2 | 振りをつけて動くことを楽しむ | イメージをふくらませながら、歌って動くことを楽しみます。 | → | あそび 2 3 |

1 体を揺らしながら歌う

ゆったりした気持ちで

1小節ごとに、ゆったりと体を左右に揺らしながら歌いましょう。

2 身振りをしながら歌う

歌詞と同じ動きが楽しい

歌に合わせて、かいぐりをする、手を打ち合わせるなどの動きを楽しみます。

♪ ⓐのところ
かいぐりの動きをします。

♪ ⓘのところ
両手で糸を、左右に引っ張るしぐさをします。

♪ ⓤのところ
手をグーにして、上下に3回打ち合わせます。

♪ ⓔのところ
下から上に向けて手をたたきます。

♪ ⓐのところ
できあがった靴が手のひらの上にあると見立てて、靴を指さします。

いとまきのうた

作詞 香山美子
作曲 小森昭宏

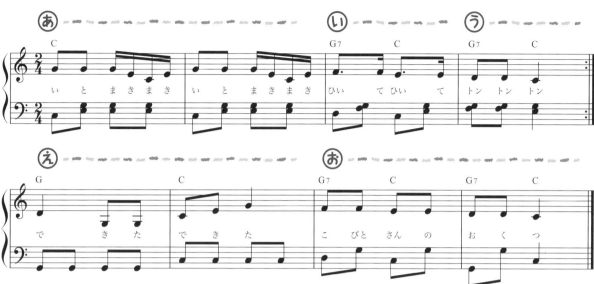

あ いとまきまき いとまきまき
い ひいてひいて
う トントントン
え できたできた
お こびとさんの おくつ

2 章
① 拍（ビート）と拍子
② テンポとダイナミクス
③ リズムパターン
④ フレーズ
⑤ ニュアンス
⑥ 音楽の形
⑦ ソルフェージュ

③ 歩いたり止まったりしながら振りをつける

歩きながらできるかな

歩いたり、立ち止まったりしながら、全身を使った振付を楽しみます。

♪ あのところ
かいぐりしながら歩きます。

♪ いのところ
立ち止まって、両手で糸を左右に引っ張るしぐさをします。

♪ うのところ
手をグーにして、上下に3回打ち合わせます。

♪ えのところ
足踏みしながら、両手をキラキラさせてひと回りします。

♪ おのところ
自由にポーズを2回します。

歌詞をアレンジ

歌の最後の部分を「うさぎさんの帽子」「○○ちゃんの○○」など、自由に作って歌ってみましょう。

111

3拍子のフレーズに親しむ

3拍子の流れるようなリズムに親しみましょう。1拍目を意識するのが、3拍子特有の揺れる感じを味わうポイントです。

ありさんの おはなし

ねらい 1	3拍子の フレーズに親しむ	『ありさんのおはなし』を歌いながら、3拍子のフレーズに親しみます。	あそび 1 2
ねらい 2	友達との 関わりを楽しむ	ありの動きを想像しながら、友達と一緒に楽しく動きます。	あそび 1 2

1 歌いながら動く

フォークダンスの ように楽しく

Point!

子どもが歌詞を覚えていない場合もあるので、特にはじめのうちは、保育者が明瞭な言葉で歌いかけてあげましょう。

小節の1拍目（譜面の★）で片足を出します。

♪ ⓐのところ

隣の友達と手をつなぎ、右に4回ステップします（片足を出して、2拍目でもう片方の足をそろえる）。

♪（共通）ピッピッ

一度手を離し、隣の友達をツンツンします。

♪ ⓘのところ

再び手をつなぎ、左に4回ステップします。

♪ ⓤのところ

前にゆっくり4回、ステップします。

♪ ⓔのところ

後ろにゆっくり4回、ステップします。

♪ ⓞのところ

♩のリズムで、右に3回、左に3回手をたたきます。これを繰り返します。

ありさんのおはなし

作詞 都築益世
作曲 渡辺 茂

2 章

1 拍（ビート）と拍子
2 テンポとダイナミクス
3 リズムパターン
4 フレーズ
5 ニュアンス
6 音楽の形
7 ソルフェージュ

2 歌に合わせて振りをつけて動く

役割を決めて

役割を分ける
お菓子になる人と、ありになる人に分かれます。
お菓子の人は、体の前で両手で輪を作り、ありの人は、
♪**ピッピッ**でお菓子の人をツンツンします。

ありの人
ありの人
お菓子の人

❶ ♪**ありさんのおはなし　きいたかね
ちいさなこえだが　きこえたよ**
全員で部屋の中を、ありになって自由に動きます。

❷ ♪（共通）**ピッピッ**
立ち止まって、近くにいる友達を
ツンツンします。

❸ ♪**おしいしいおかしを　みつけたよ**
お菓子の人とありの人に分かれて、
それぞれの動きをします。

❹ ♪**となりのおうちの　おにわだよ**
役割を交替して、同様の動きをします。

❺ ♪**ラララララ～**
近くにいる友達と手をつないで（または
1人で）、音楽に合わせて大きく揺れます。

113

模倣して動く

保育者と子どもで「こぶた」「こぶた」と交互に歌う反復唱（エコー唱）と、アウフタクト（弱起）で始まる音楽のおもしろさを楽しみましょう。

 こぶたぬきつねこ

ねらい 1　動きの反復を楽しむ

保育者の明確でいきいきとした動きを反復することで、模倣活動の楽しさを味わいます。　→　あそび 1 2

1　保育者のまねをして身振りをする

次の動物は何かな？

はじめは子どもは歌わずに、エコー（反復）のところでまねだけ行います。次に一緒に歌いながら、まねをしてみましょう。

身振りの例

こぶた

たぬき

きつね

ねこ

保育者は1番を歌いながら、動物のまねをします。子どもはエコーのところで、保育者のまねをします。

アレンジ♬

動物の擬声語・擬態語を楽しむ

・2番の鳴き声でも、歌ってまねてみましょう。
・うさぎ（ピョンピョン）、ぞう（パオーン）、すずめ（チュンチュン）、やぎ（メェー）など、ほかの動物を入れて歌ってみるのもいいですね。体も使ったダイナミックな振りを、楽しむことができます。

こぶたぬきつねこ

作詞・作曲 山本直純

こ　ぶ　た　（こぶた）　た　ぬ　き　（た　ぬ　き）　きつ
ブー　（ブ　ブ　ブー）　ポン　ポコ　ポン　（ポン　ポコ　ポン）　コ　ン

ね　（きつね）ね　こ　（ねこ）ブ　ブ
コン　（コ　ン　コン）ニャー　　　　　　オ　（ニャー　オ）　　　こ　ぶ　た　（こぶた）た　ぬ
ブー　（ブ　ブ　ブー）　ポン　ポコ

き　（た　ぬ　き）きつね（きつね）ね　こ　（ねこ）ブ　ブ
ポン　（ポン　ポコ　ポン）コ　ン　コン　（コ　ン　コン）ニャー　　　　　　オ　（ニャー　オ）

2 歩きながら まねをする

> 保育者について動く

エコーのところで保育者のまねっこができるようになったら、
次は歩きながらまねっこを楽しみます。

❶ 保育者は手をたたいて歩きながら、歌います。子どもは保
育者のまねをし、エコーのところで、保育者の言葉を繰り
返します。

❷ 保育者は「こぶた」「たぬき」「きつね」「ねこ」と歌いなが
ら2歩ステップし、2拍目にポーズをして止まります。子ど
もはエコーのところで、保育者をまねします。

アレンジ

声を出さずに動作だけで

保育者と子どもは、動きをしながら心の中で歌います（心唱）。声を出さず、動きだけで歌を演じてみましょう。
心唱は高度な心的活動です。

2 章
① 拍（ビート）と拍子
② テンポとダイナミクス
③ リズムパターン
④ フレーズ
⑤ ニュアンス
⑥ 音楽の形
⑦ ソルフェージュ

フレーズ

フレーズを感じて動く

4~5 歳児

名曲『ガボット』を聴きながらステップし、音楽のまとまりであるフレーズを感じとります。

 ガボット

| ねらい 1 | **音楽のまとまりを感じる** | フレーズごとに動くことで、音楽のまとまりを感じとります。 | → あそび 1 2 |
| ねらい 2 | **フォークダンス風に動く** | みんなでフォークダンス風に動き、フレーズを感じます。 | → あそび 2 |

1 フレーズごとにボールを手渡す

だれにボールが渡るかな？

『ガボット』の音楽を聴きながら、ステップします。フレーズごとに、ステップをする人が交替していきます。

❶ ♪ティティティティ ティティティティ　ターター
大きな輪になります。1人がボールを持って輪の内側を曲に合わせてステップします。

❷ ♪ター
各フレーズの終わりの音のところで、前にいる子にボールを手渡します。受け取った子は輪の中に入り、次のフレーズをステップします。

以下、この動きを繰り返します。

Point!

2小節のまとまりを感じてステップします。「ティティティティ ティティティティ（♫♫♫♫）」では軽くかけ足を、「ターターター（♩♩♩）」は歩きます。遠い人にボールを手渡そうとして間に合わなかったり、近くの人に渡して、時間を余らせたりしないように、フレーズを感じて動きましょう。

アレンジ

歌詞をアレンジ
・ボールのかわりに、スカーフを用いても楽しいです。
・CD等の音楽を用いてもかまいません。

ガボット

作曲 ゴセック

2章

1 拍（ビート）と拍子

2 テンポとダイナミクス

3 リズムパターン

4 フレーズ

5 ニュアンス

6 音楽の形

7 ソルフェージュ

2 フレーズごとに歩く

くるっと向きを変えて

フレーズごとに、フォークダンスのように動きましょう。

はじめに右に8歩

次に左に8歩

ことばかけ例

ステップする方向に体の向きを変えると動きやすいですよ。

♪ あ～えのフレーズ

手をつないで大きな輪をつくり、あで右に8歩、いで左に8歩、歩きます。それを2回繰り返します。

前に8歩↓

↑後ろに8歩

♪ お～くのフレーズ

おで前に8歩、かで後ろに8歩、歩きます。それを2回繰り返します。

ジェンカのリズムに親しむ 4~5 歳児

ジェンカは、フィンランドのフォークダンスです。軽やかに跳ねるリズムと動きを楽しみましょう。

白熊のジェンカ

ねらい1 リズミカルな動きを楽しむ
ジェンカのリズムで動き、その楽しさを味わいます。 → あそび ① ② ③

ねらい2 友達と一緒にダンスの動きを楽しむ
みんなでフォークダンス風に動き、フレーズを感じます。 → あそび ① ②

1 ジェンカのリズムで動く

前に後ろにステップしよう

ジェンカでは、|♩♪♩♪♩|♩♩♩♪♩|のリズムが繰り返されています。保育者の動きをまねながら、曲の前半をジェンカのリズムで動いてみましょう。慣れるまで、保育者は「右―右、左―左、前ピョン後ピョン……」と唱えましょう。

右足を出して戻す

♪ⓐのところ
両手を腰に当て、右足を出して戻すを2回。

左足を出して戻す

♪ⓘのところ
左足を出して戻すを2回。

前と後ろにジャンプ

♪ⓤのところ
前に1回、後ろに1回跳びます。

前に3つジャンプ

♪ⓔのところ
前に3回跳びます。

ⓞ～ⓚも、ⓐ～ⓔと同じ動きを繰り返します。

白熊のジェンカ

作詞・作曲 ケン・ウォール
訳詞 七野洋太

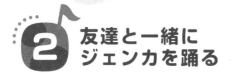

2 友達と一緒に ジェンカを踊る

友達と
つながって

前半を動いたら、くのところでじゃんけんをして、
続きを友達と一緒に踊ります。

1 あ〜きまでは1人で **1** のジェンカを踊ります。くのところで、近くの人とじゃんけんをします。
　負けた人は勝った人の後ろについて、曲の終わりまで下のように踊ります。

2 2回目のくのところで、先頭の子ども同士で別の2人組の人とじゃんけんをします。
　負けた組は勝った組の後ろにつき、踊ります。

3 以下同様に続け、だんだん長い列になっていきます。

右足を出して戻す

♪けのところ
右足を出して戻すを2回。

左足を出して戻す

♪このところ
左足を出して戻すを2回。

前と後ろにジャンプ

♪さのところ
前に1回、後ろに1回跳びます。

前に3つジャンプ

♪しのところ
前に3回跳びます。

す〜たも、け〜しと同じ動きを繰り返します。

だんだん長い列になり、そろって跳ぶことを楽しみましょう。

♪ **3 打楽器で リズムを打つ**

> どんなリズムかな?

ジェンカの動きを楽しんだら、身近な打楽器でジェンカのリズムをたたきましょう。

ター	スン	ター	スン	ター	ター	ター	スン

Point!

ジェンカのリズムを歌って、動いて楽しんだら、リズムを視覚化して理解を深めます。リズムカードは、左イラストの●○でなくてもOK。マークや絵を工夫して楽しみましょう。

> 黒いところをたたいてください

① リズムパターンを提示します。「●はたたく」「○はお休みする」ということを説明します。

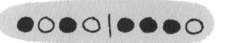

② 打楽器でリズムを打ちます。

③ 慣れてきたら歌いながらたたきます。

2章
① 拍（ビート）と拍子
② テンポとダイナミクス
③ リズムパターン
④ フレーズ
⑤ ニュアンス
⑥ 音楽の形
⑦ ソルフェージュ

 フレーズ

フレーズを聴き分けて表現する

 **DVD 9**

4~5 歳児

くるみ割り人形の「行進曲」をCD等で聴いて動きます。
2つのフレーズの違いを聴き分けましょう。

♪ **『くるみ割り人形』より「行進曲」**

ねらい 1 フレーズの違いを聴きとって動く　それぞれのフレーズは2つの動きのどちらか、聴きとって動きましょう。　→ **あそび 1 2 3 4 5**

1 フレーズを聴き分けてイメージする

💭 絵で音楽のイメージをふくらませる

「行進曲」を聴き、フレーズに合った絵を指さします。

保育者は「ラッパの絵」と「スキップをしている絵」を持ち、子どもはフレーズを聴き分け、どちらかの絵を指さします。

Point！

絵を見ると、音楽に込められたイメージを感じとりやすくなります。

Point！

チャイコフスキー作曲の組曲『くるみ割り人形』は、お菓子の精をモチーフにした音楽で構成されています。「行進曲」は、その中の1曲です。
「フェスティバル（お祭り）が始まりますよ」という合図で、ラッパがファンファーレを奏でます。その旋律が＜ラッパの音楽＞です。そのファンファーレを聴いて、あちらこちらから子どもたちが集まってきます。それが＜スキップの音楽＞のところです。子どもたちに、その場面をイメージできるように語ってあげましょう。

122

♪♪『くるみ割り人形』より「行進曲」 作曲 チャイコフスキー

＜ラッパの音楽＞

＜スキップの音楽＞

2 フレーズを聴き分けて表現する

ラッパの音楽？
スキップの音楽？

ラッパを吹いているところと、子どもたちがスキップして集まってくるところの2つのフレーズを動きで表現します。2つのフレーズを聴いて、どちらのシーンか聴き分けましょう。

ラッパのフレーズ

スキップのフレーズ

❶「行進曲」をCD等で1回聴いたあと（曲の途中まででもOK）、しぐさを説明して動きをしてみます。

次のフレーズは
ラッパかな、スキップかな？
よく音楽を聴いて
動きましょう

❷ 子どもは、ラッパのフレーズかスキップのフレーズかを聴き分けて、そのしぐさをします。

Point！

この曲のフレーズには、2つのいずれかのイメージが込められています。選択を間違わないことより、イメージを聴き分けようとしているかどうかが重要です。

① 拍（ビート）と拍子
② テンポとダイナミクス
③ リズムパターン
④ フレーズ
⑤ ニュアンス
⑥ 音楽の形
⑦ ソルフェージュ

3 フレーズを聴き分けて全身で表現する

音楽の区切りで方向をチェンジ

🎵 と同じように「行進曲」を聴きながら、フレーズに合わせて歩きます。音楽の区切りで方向を変えましょう。

ラッパのフレーズ

ラッパを吹くポーズをしながら、歩きます。

Point !

部屋を広く使って動きましょう。

スキップのフレーズ

8拍で方向チェンジ

小さな歩幅でスキップをします。

4 フォークダンス風に 動きましょう

> 円のままで 歩けるかな？

＜スキップの音楽＞のときは、うまが走っている ような跳ねる動き（ギャロップ）をしましょう。

ラッパのフレーズ

最初の8拍分で、円陣の内側に向かって8歩歩き、 次の8拍分で、後ろに下がります。

スキップのフレーズ

最初の8拍分で、右回りに8回ギャロップし、 次の8拍分で、左回りにギャロップします。

5 太鼓を たたいてみよう

> 音楽に合わせて 太鼓をたたこう

部屋のあちこちに、小太鼓や段ボール太鼓などを置いて、 子どもたちは、好きな太鼓のところに行きます。

ラッパのフレーズ

ター（♩）

手のひらで、♩♩♩♩のリズムで太鼓をたたきます。

スキップのフレーズ

違う太鼓のところに、スキップで移動します。これを繰り返します。

2章
① 拍（ビート）と拍子
② テンポとダイナミクス
③ リズムパターン
④ フレーズ
⑤ ニュアンス
⑥ 音楽の形
⑦ ソルフェージュ

最高潮の瞬間を期待する 1~2歳児

『いっぽんばしこちょこちょ』は日本で古くから伝承されてきたわらべうたです。言葉と動きのリズムを調和させて、歌いかけましょう。

 いっぽんばし こちょこちょ

| ねらい 1 | リズミカルな言葉と しぐさの重なりを楽しむ | 唱え言葉に親しみ、歌の最後に来る"こちょこちょ…"を期待します。 | → あそび ♪ 1 2 |
| ねらい 2 | 人との関わりを 楽しむ | わらべうたを通して、人との関わりを楽しみます。 | → あそび ♪ 1 2 |

1 歌としぐさを楽しむ

> 1対1の関わりを味わう

保育者は子どもの手のひらを上にして、片方の手で軽く支え持ち、反対の手の指で子どもの手のひらにふれながら歌います。

Point！

わらべ歌は、言葉と動きの調和（重なり）を味わうことができます。伴奏はなしで、穏やかにリズミカルに歌いかけてあげましょう。

♪ⓐのところ
手のひらに「一（いち）」を書きます。

♪ⓘのところ
手のひらをくすぐります。

♪ⓤのところ
手のひらを1つ軽くたたきます。

♪ⓔのところ
手のひらを軽くつねります。

♪ⓞのところ
手のひらから腕にかけて、2本の指で歩くようにさわります。

♪ⓚのところ
子どもの体をくすぐります。

いっぽんばしこちょこちょ　わらべうた

| あ — | い — | う — | え — | お — | か — |

いっ ぽん ばし　こちょこちょ　たたいて　つねって　かいだんのぼって コチョコチョ〜

②　動きだけで遊ぶ

より集中して
楽しめる！

声を出さずに口の動きだけで、動作に合わせて歌いかけて楽しみます。拍に合わせてうなずくようにすると、リズムが伝わりやすくなります。

いっぽんばし
こちょこちょ…

かいだんのぼって

こちょこちょ

くるぞくるぞ

きたー！

Point!

唱え言葉と手のしぐさ（動き）を合わせるように留意しましょう。「かいだんのぼって」のところでは、しゃべっているような感じで、段を上るように声が高くなっていくと自然ですね。最後の「こちょこちょ〜」で気分は最高潮になります。

アレンジ♫

追いかけっこ
「こちょこちょ〜」のところで、子どもが逃げるようなしぐさをしたら、追いかけっこに発展。それも楽しいですね。

こちょ
こちょー

① 拍（ビート）と拍子
② テンポとダイナミクス
③ リズムパターン
④ フレーズ
⑤ ニュアンス
⑥ 音楽の形
⑦ ソルフェージュ

ニュアンス

体の力を抜く

2~3歳児

氷になって、それから溶けるという想像遊びを楽しみます。脱力する動きを通して、ディミヌエンド（dim.／だんだん弱く）や半音階に親しみます。

  バスバスはしる

| ねらい 1 | 緊張と脱力のポーズを楽しむ | 「走る─止まる」「氷になる─溶ける」で緊張と脱力を体験します。 | → あそび 1 2 |
| ねらい 2 | 半音階に親しむ | 氷が溶けるときの、下行する半音階の音楽に親しみます。 | → あそび 2 |

1 「走る─止まる」を体験

ぴたっと止まれるかな？

軽快な動きから「止まる」動作へ、緊張の感覚を体験します。

ことばかけ例

音楽が止まったら、氷のようにカチンカチンになってね。

『バスバスはしる』の音楽に合わせて走りましょう。途中で音楽が止まったら、その場で静止します。音楽が再び鳴ったら、また走ります。

Point!

音楽の途中で止めてみましょう（音楽のまとまりが感じ取れるところで止めるようにしましょう）。慣れてきたら、子どもが止まる瞬間を予感できるようになるでしょう。

2章

① 拍（ビート）と拍子

② テンポとダイナミクス

③ リズムパターン

④ フレーズ

⑤ ニュアンス

⑥ 音楽の形

⑦ ソルフェージュ

バスバスはしる

作詞 宮中ちどり
外国曲

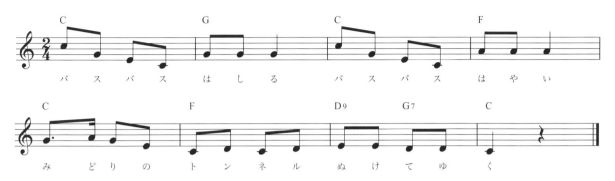

バ ス バ ス は し る バ ス バ ス は や い

み ど り の ト ン ネ ル ぬ け て ゆ く

＜氷が溶ける音楽＞（下行形の半音階）

音楽①

音楽②

2 氷が溶ける動き

氷が溶ける感じをイメージして

止まったポーズの後、〈氷が溶ける音楽〉が聴こえたら、カチンカチンの氷が溶ける動きをします。

『バスバスはしる』〜止まる

＜氷が溶ける音楽＞

〈氷が溶ける音楽〉が鳴ったら、静止のポーズからだんだん溶けて床に横になります。再び『バスバスはしる』の音楽が聴こえたら走ります。「走る―止まる」「氷になって固まる―溶ける（脱力）」を繰り返します。

Point !

床に寝て脱力しているとき、子どもは次に「走る―止まる」を期待します。この期待感こそが、音楽を聴こうとしている姿勢になります。

ニュアンス

半音階に親しむ

2~3 歳児

半音階の音楽に合わせてゴロゴロ寝返りしましょう。「走る―止まる」も組み合わせて、音楽に合わせて動きます。

  おおスザンナ

ねらい 1 音楽の違いに気づく　「走る―止まる―ゴロゴロする」という遊びを楽しみながら、音楽の違いに気づきます。　→ あそび 1 2

ねらい 2 半音階の音楽を楽しむ　ゴロゴロの動きをしながら、半音階の上行形と下行形を楽しみます。　→ あそび 2

ことばかけ例

途中で音楽が止まったら、すぐにおへそを床にくっつけてね。

 1 「走る―止まる」を体験

音楽が止まったら床に寝る!

次に聴こえる音楽への期待感を楽しみましょう。

Point!

音楽が止まったとき、子どもは次に聴こえてくる音楽を期待しています。この、音のない瞬間が大切です。保育者はその期待感を受けて、遊びの流れが単調にならないように、ピアノを弾きましょう。

『おおスザンナ』の音楽に合わせて走ります。途中で音楽が止まったら、すぐ床に横になります。

2 床でゴロゴロする

ゴロゴロの音楽だ!

音楽が止まった後、半音階(上行形や下行形)が聴こえたら、横になってゴロゴロ(寝返り)します。

〈ゴロゴロ寝返りするときの音楽〉が聴こえたら、床に横になった状態からゴロゴロと寝返りします。再び『おおスザンナ』が聴こえたら、立ち上がって走ります。

おおスザンナ

作曲 フォスター

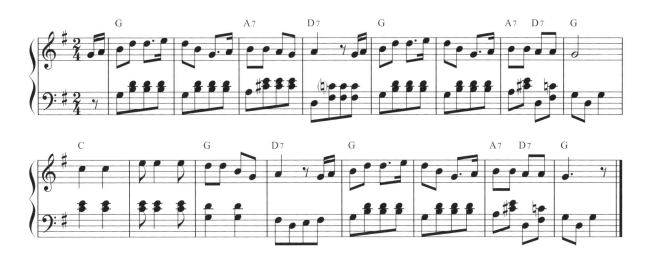

＜ゴロゴロ寝返りするときの音楽＞（上行形と下行形の半音階）

アレンジ♫

ゴロゴロ＆氷が溶ける

〈ゴロゴロ寝返りするときの音楽〉と〈氷が溶ける音楽〉（p129）を混ぜて、いろいろな半音階に親しみましょう。

上行形と下行形
＝ゴロゴロ

下行形＝氷が溶ける

Point！

この年齢の子どもが慣れている「ゴロゴロする動き」を通して、上行形と下行形の半音階の違いを感じ、聴くトレーニングをします。

2 章
① 拍（ビート）と拍子
② テンポとダイナミクス
③ リズムパターン
④ フレーズ
⑤ ニュアンス
⑥ 音楽の形
⑦ ソルフェージュ

いろいろな表情で表現する

 3~4 歳児

いろいろな気分を想像して「おはよう」を言ってみましょう。
ニュアンスの違いを表現する遊びです。

 ♪ ごあいさつの歌

ねらい 1 **表現の違いを楽しむ** （声の）強い／弱い、速い／遅い、高い／低いの違いを体験します。 ➡ あそび 1 2

♪ 1 「おはよう」を唱える

> どんな「おはよう」があるかな？

ことばかけ例
まだ眠い朝とか、元気な朝とか、いろんな朝の「おはよう」がありますね。その時の気持ちで言ってみてください。

ジェスチャー（動き）もつけて、いろいろな表情で「おはよう」を言ってみましょう。

元気に「おはよう」

まだ眠い「おはよう」

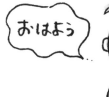

さみしい気持ちで「おはよう」

怒りながら「おはよう」

やさしく「おはよう」

遠くにいる人に向かって「おはよう」

2 章
① 拍（ビート）と拍子
② テンポとダイナミクス
③ リズムパターン
④ フレーズ
⑤ ニュアンス
⑥ 音楽の形
⑦ ソルフェージュ

ごあいさつの歌

作詞・作曲　たなかなた

2 いろいろな表情で歌う

大きくはっきり表現してみよう

音楽の強弱やテンポは目に見えません。体や表情での「動き」は、見えない音楽を見えるようにして、音楽の違いに気づくために有効です。

いろんな「おはよう」を自由に動きをつけて歌ってね

とおくのひとにおはよう

ねむたいこえでおはよう

プンプンおこっておはよう

『ごあいさつの歌』を歌いましょう。
自由に動きや表情をつけて「おはよう」を歌います。

アレンジ♬

表現の幅を広げる
「おはよう」を「こんにちは」や「さようなら」に変えて歌ってみます。次に「あー」「うー」「わん」だけで表現してみましょう。表現の幅が広がります。

ニュアンス

動きの大きさの変化を楽しむ

3~4 歳児

音楽が強いときは大きく、弱いときは小さく動きます。動くときに使う空間の違いによって音楽のダイナミクスを楽しみます。

♪ スカーフをふわー

ねらい **1**	**強弱の違いを聴き分けて動く**	音楽を聴いて、強弱の違いを識別して動きます。	➡ あそび **1** **2**
ねらい **2**	**空間の使い方の違いに気づく**	動きの空間の広さ（大きく動く／小さく動く）を変えることによって、表現できる強弱を体感します。	➡ あそび **1** **2**

♪ 1 スカーフを振って空間を感じる

いろんな振り方を楽しんで

『スカーフをふわー』の音楽に合わせて、スカーフ（または長さ50㎝程度のリボンなど）を自由に振ります。音楽が強いときは大きく、音楽が弱いときは小さく振りましょう。

左右に振る

ふわーんふわーん

ひらひら

上下に振る

ばさっばさっ

ふるふる

広く　　　狭く　　　大きく　　　小さく

ぐるぐる回す

ぐ〜るぐ〜る

くるくる

ゆらゆらと

ゆらゆら〜

だんだん大きくしたり小さくしたり　　　波のように

Point!

音楽のおもしろさは、強弱（ダイナミクス）によって生み出されます。スカーフを動かすとき、空間を大きく／小さく、広く／狭く、高く／低く使うことで、音楽のダイナミクスを感じましょう。

スカーフをふわー

作曲 たなかなた

2章

① 拍（ビート）と拍子

② テンポとダイナミクス

③ リズムパターン

④ フレーズ

⑤ ニュアンス

⑥ 音楽の形

⑦ ソルフェージュ

2 歩き方の違いで空間を感じる

強弱を歩幅で表現

保育者は、強弱やテンポを変化させながら『スカーフをふわー』を弾きます。子どもは、それに合わせて歩きます。

ぞうさんは 大またで、ねずみさんは ちょこちょこ 歩いてね

大きく〜　大きく〜

強いときは歩幅を広く

ちょこ　ちょこ　ちょこ

弱い時は歩幅を狭く

アレンジ♫

重みの違いを意識する

強弱の違いは、重みの違いで表現することもできます。強いときは体重をかけて、弱いときは軽やかに動いてみましょう。ぞうさんはゆっくりずっしりと、ねずみさんは小さく細かく動くと表現しやすいです。

スタッカートとレガートの違いを楽しむ 3~4 歳児

相反する音楽のニュアンス、スタッカートとレガートの違いを感じ、音楽を表現して楽しみましょう。

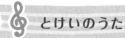
とけいのうた

ねらい 1 スタッカート、レガートの違いを識別する

弾むような音楽となめらかな音楽の違いを、聴いたり、歌ったり、動作をしたりして識別できるようにします。

→ あそび 1 2

*スタッカート…音を切り離して短く演奏すること
レガート…音を途切れさせず、なめらかに演奏すること

---

1 振りつけでスタッカートとレガートを感じる

2つのニュアンスを感じて

跳ねる・弾むようなスタッカートと、なめらかなレガートの違いを表しましょう。

❶ ♪ⓐのところ
両手の人さし指を立てて左右に動かします。

小さく

❷ ♪ⓘのところ
胸の前で指先を合わせ、体を揺らします。

大きく

❸ ♪ⓤのところ
両手を横に大きく広げて体を揺らします。

❹ ♪ⓔのところ
おじぎをしてから、手を振ります。

❺ ♪ⓞのところ
両手の人さし指を立てて左右に動かします。

ポーズ!

❻ ♪ⓚのところ
自由にポーズをします。

とけいのうた

作詞 筒井敬介
作曲 村上太朗

コチコチカッチン　おとけいさん　コチコチカッチン　うごいてる
こ　ど　も　の　は　り　と　　お　と　な　の　は　り　と
こ　ん　に　ち　は　　さ　よう　なら　コチコチカッ　チン　さよう　なら

2 体全体を使ってスタッカートとレガートを感じる

ニュアンスの違いを大きく表現

時計の針になった気分で、跳ねたり滑らかに動いたりして、スタッカートとレガートを感じます。

♪コチコチカッチン
ステップします。

パロン
パロン パロン

♪おとけいさん
♪うごいてる
立ち止まって手を3回たたきます。

♪こどものはりと
小さくしゃがみます。

♪おとなのはりと
立って大きく左右に揺れます。

♪こんにちは〜終わりまで
あそび **1** の **4** 〜 **6** と同じ。

ほかの動きでスタッカートとレガートを表現

保育者が弾く2つのニュアンスを聴き分け、スタッカートなら手をたたく、レガートなら体を揺らすなどしてみましょう。

2 章

1 拍（ビート）と拍子

2 テンポとダイナミクス

3 リズムパターン

4 フレーズ

5 ニュアンス

6 音楽の形

7 ソルフェージュ

137

さまざまな歩行を楽しむ

4〜5 歳児

なわとび遊びでも歌われるわらべうたです。ここではなわとびは用いず、歌詞を工夫してさまざまな歩行に挑戦してみましょう。

♪ くまさん くまさん

ねらい 1 歩行の違いを楽しむ　両手を床について歩く、ケンケンで跳ぶ、回りながら歩く……。いろいろな歩き方の動きの違いを楽しみましょう。 ➡ あそび **1** **2**

ねらい 2 音楽の違いを表現する　スタッカート、レガートなど、音楽の違いによって歩き方を変えて表現します。 ➡ あそび **2**

ことばかけ例

うまくバランスをとって、違った歩き方をしましょう。ケンケンはむずかしいかな?

1 歌詞に合わせて歩く

転ばないようにバランスよく

歌詞にある動きをベースに、いろいろな歩き方をします。

くまさんだ

1 ♪あのところ
両手を床につけ、ひざはつけずにくまさん歩きをします。

おっとっと

ケンケン

2 ♪いのところ
立ち上がって、片足ケンケンで跳びながら歩きます。

クルクルクル

3 ♪うのところ
右に回転しながら歩きます。

4 ♪えのところ
両手を振りながら歩きます。

くまさん くまさん
わらべうた

あ　くまさん くまさん　りょうてをついて　い　くまさん くまさん　かたあしあげて

う　くまさん くまさん　まわれみぎ　え　くまさん くまさん　さようなら

2　違う歩き方に挑戦

だんだんむずかしくなってきたよ

❶ の ❸ のあとに、次のようなメロディを奏でます。
3つの歩き方で音楽の違いを感じとりましょう。

❶ つま先立ち

高い音でスタッカート

くまさん くまさん　つまさきたてて

❷ かかと歩き

低い音でスタッカート

くまさん くまさん　かかとをつけて

❸ ひざを大きく曲げて どっしりとした歩き

レガートに、ゆったりと

くまさん　くまさん　おひざを　まげて

Point !

さまざまな歩行の種類（ニュアンスの違い）を経験することで、自分の体をどのように使ってその動きをするのか、考える機会になります。

「つま先！」「かかと！」「どっしり」と声をかけてから弾くと、動きやすいでしょう。

2章
① 拍（ビート）と拍子
② テンポとダイナミクス
③ リズムパターン
④ フレーズ
⑤ ニュアンス
⑥ 音楽の形
⑦ ソルフェージュ

準備の拍（アナクルーシス）を感じる

4〜5 歳児

アナクルーシスとは、歌い始めや動き始める前の、準備の拍のことをいいます。「ケンケンパ」の前の部分でそれを感じましょう。

♪ ケンパであそぼう

ねらい **1**	アナクルーシスになじむ	呼吸や体の動きで、アナクルーシスを感じとります。	→ あそび **1** **2**
ねらい **2**	アナクルーシスの動きに親しむ	アナクルーシスを感じながら、動きを続けます。	→ あそび **2** **3**

 1 歌詞に合わせて動く

「ケン」の前で息を吸って

歌詞に合わせて歌いながら動きます。

♪ ⓐのところ
歌いながら、ひざを軽く曲げ伸ばしてリズムをとります。

♪ ⓘのところ
伸びたときに息を吸います。

♪ ⓤのところ
最初の「ケン」だけ音楽に合わせて片足でジャンプします。慣れたら「ケンケンケン」と3回跳びます。

♪ ⓔのところ
歌いながら、ひざを軽く曲げ伸ばしてリズムをとります。

♪ ⓞのところ
伸びたときに息を吸います。

♪ ⓚのところ
足を大きく横に広げてパーをつくります。

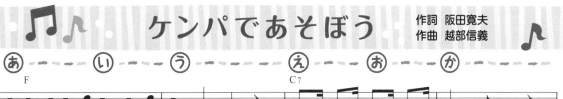

ケンパであそぼう

作詞 阪田寛夫
作曲 越部信義

2章

1 拍（ビート）と拍子

2 テンポとダイナミクス

3 リズムパターン

4 フレーズ

5 ニュアンス

6 音楽の形

7 ソルフェージュ

あ　い　う　え　お　か

F　　　　　　　　　　　　　　　C7

かたあしとびでケンケンケン　りょうあしひらいてパーのパ

き

F　　　　　　　　　　　C7　　　　　　　F

かたあしとびでケンケンケン　りょうあしひらいて　パーのパ

く　　　　　　　　　　け　　　　　　　　こ

F　　Dm　　　　Gm　C7　　F

ケンケンパ　ケンケンパ　ケンパであそぼう　ハイ！

Fine

さ

F　　　　　　　　E♭dim　　Gm　C7　F

ケンケンパ　ケンパケンパ　ケンケンパ

D.C.

♪きのところ
あ〜かの動きを繰り返します。

♪くのところ
歌いながら、「ケンケンパ」を2回します。

♪けのところ
「ケンケン」を4つして、足を開いて止まります。

ポーズ

♪このところ
好きなポーズをします。

♪さのところ
ケンケンとパーの動きをします。

Point!

ケンパを跳ぶ前に、息を吸いながら体を持ち上げます。これはアナクルーシスを感じる大切な動きです。
ケンケンの前の拍で素早く息を吸う練習をしてみましょう。

鼻から息を吸ってひと呼吸おいてみて

アナクルーシス（準備の拍）を感じながら歌う

休符を感じて

「ケンケンパ」のあとの休符が、次の音楽の準備（アナクルーシス）であることを感じながら歌い、「ケン」「パ」のところは動きます。

お休みのところが息を吸うところです

かたあしとびで	ケンケンケン ♪｜ りょうあしひらいて　パーのパ ♪
かたあしとびで	ケンケンケン ♪｜ りょうあしひらいて　パーのパ ♪
ケンケンパ ♪	ケンケンパ ♪　｜ ケンパであそぼう ♪ ハイ！ ♪
ケンケンパ ♪	ケンパケンパ　｜ ケンケンパ ♪
ケンケンパ ♪	ケンパケンパ　｜ ケンケンパ ♪

「ケン」のところ

ケンケン

ケンケンをします。

「パ」のところ

パ

両手足を大きく広げます。

そのほかのところ

ひざを曲げ伸ばしてリズムをとりながら、歌います。

アナクルーシスのところ（♪のところ）

息を吸って体を引き上げます。

3 フープでケンパを楽しむ

「ケン」をキメるよ

床にフープを置き、歌いながら音楽に合わせて、フープを使ってケンパで進みます。

Point !

② と同様に、休符のところで息を吸って、アナクルーシスを感じながら動きます。

友達と息を合わせましょう

せーの

ケン！

パ！

上手にケンパできるかな？

Point !

・子どもに合った小さめのフープで行うと、ケンケンが楽にできます。
・フープがない場合は、床に1本長くテープを貼って、線に沿って「ケンケンパ」をするのもよいでしょう。

あ〜きは音楽を聴きながら待機します。
くはフープを使ってケンパをします。
けは止まって音楽を聴き、こでポーズをします。
さからはピアノに合わせて数回跳びます。

2章
① 拍（ビート）と拍子
② テンポとダイナミクス
③ リズムパターン
④ フレーズ
⑤ ニュアンス
⑥ 音楽の形
⑦ ソルフェージュ

6 音楽の形

音楽の違いに親しむ

 おんまはみんな

1~2歳児

音楽に合わせて、ギャロップやゆったりした動きをします。動きの違いを楽しみながら、音楽の形式に親しみます。

| ねらい 1 | 音楽の違いに親しむ | 音楽の特徴を聴きながら、動いてみましょう。 | → あそび 1 2 |
| ねらい 2 | 音楽の違いを体の動きで表す | ギャロップ、静止、ゆったり……の動きを楽しみながら、音楽の違いを味わいます。 | → あそび 1 2 |

 1 音楽の違いに親しむ

「元気」と「ゆったり」の音楽に親しむ

曲が、Aの部分とBの部分で成り立っていることを体感します。

A1 A2 保育者の歌に合わせて、ひざをたたきます。

B 保育者の歌に合わせて、体を左右に揺らします。

 **2 音楽の違いを動きで感じる**

おうまさんみたいにギャロップ

A1 部屋の中を自由にギャロップします。

A2 方向を変えて、ギャロップします。

おんまはみんな

作詞 中山知子
アメリカ民謡

2 章
① 拍（ビート）と拍子
② テンポとダイナミクス
③ リズムパターン
④ フレーズ
⑤ ニュアンス
⑥ 音楽の形
⑦ ソルフェージュ

A1

E♭ ... B♭ ... E♭

1. おんまはみんな　パッパカはしる　パッパカはしる　パッパカはしる
2. こぶたのしっぽ　ちょんぼりちょろり　ちょんぼりちょろり　ちょんぼりちょろり

A2

1. B♭7　E♭

おんまはみんな　パッパカはしる　どうしてはしる
こぶたのしっぽ　ちょんぼりちょろり　どうしてちょろり

B

B♭7　E♭　Fm7　E♭　2. Fm　Gm　E♭ B♭7 E♭

1.～2. どうしてなのか　だれもしらないだけど　おもしろいね

D.C.

Point!

うまのように跳ねる動き「ギャロップ」は、スキップの動きをする前段階に経験したい動きです。大切なのは、"跳ねる"感じを楽しむことです。
最初はうまくいかなくても、「パッカパッカ」とリズミカルに声かけしてあげましょう。

アレンジ♫

歩く、小走り、ジャンプなども
『おんまはみんな』をリズムを変えて弾き、動きを変えて、ぞうさん、ねずみさん、うさぎさんになってみましょう。

・2分音符で→ぞうさんでゆっくり歩く
・8分音符で→ねずみさんで小走り
・符点のリズム（タッカタッカ）で→うさぎさんでギャロップ

おもしろい　　　ね

最後　4つ手をたたき、「ね」で両手をあげてポーズ。

B　手を胸の前でクロスして首を左右にかしげます。
A1　A2 を繰り返します。

呼びかけと応答を楽しむ 2~3 歳児

保育者の呼びかけと子どもたちの応答が楽しい歌です。間奏（あるいは後奏）部分は軽快にスキップをします。

 どこでしょう

ねらい 1	呼びかけと応答を楽しむ	歌の呼びかけに、タイミングよく応答する楽しさを味わいます。	→ あそび 1 2
ねらい 2	音楽に合わせて動く	曲の流れに乗って、キラキラやかけあしなどの動きを楽しみます。	→ あそび 2

1 応答遊びをする

呼ばれたら、元気に「はーい」

保育者が「○○ちゃん」と言ったら、子どもが「はーい」と答えます。

○○ちゃん

はーい

★ヒント

「りんごがすきな人」「朝ごはん食べた人」といった呼びかけもよいでしょう。

Point!

幼い子どもと活動を始める前には、まずは子どもとの穏やかな関わりを大切にしましょう。
名前を呼ばれて返事をするうれしさは、子どもが楽しく音楽に参加するために、とても大切です。

2 音楽に合わせて応答して動く

呼ばれたら歌いましょう

「どこでしょう」の歌に合わせて、呼びかけと応答をします。

ももちゃんももちゃん

わたしだ！

音楽に合わせて手をたたきます。保育者は、子どもの名前を入れて歌います。

2章

1 拍（ビート）と拍子

2 テンポとダイナミクス

3 リズムパターン

4 フレーズ

5 ニュアンス

6 音楽の形

7 ソルフェージュ

♪♫♪ # どこでしょう

作詞・作曲 不詳

アレンジ ♫

スキップのリズムで

原曲のリズム（♫♪）ではなく、スキップのリズム（♫♪）で歌ってみるのもよいでしょう。

名前を呼ばれた子どもは立ち上がり、手をキラキラさせながらその場で歌います。

間奏

保育者が間奏（もしくは後奏）として、曲のはじめから終わりまでを1オクターブ上げてピアノで弾きます。名前を呼ばれた子どもは、友達のまわりをかけ足で回ります。そのほかの子どもは手をたたいたり、ひざ打ちをしたりします。

二部形式の歌を楽しむ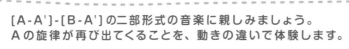

2~3歳児

[A-A']-[B-A']の二部形式の音楽に親しみましょう。
Aの旋律が再び出てくることを、動きの違いで体験します。

 ちょうちょう

ねらい1	動きを通して歌に親しむ	歌に合わせて一緒に動いてみましょう。	あそび 1 2 3
ねらい2	AとBの違いを動きながら体験する	歌に合わせて動き、動きの違いを感じます。	あそび 3

1 歌に合わせて揺れる

> 歌に合わせてゆ～らゆら

『ちょうちょう』を歌いながら体を揺らし、「なのはにとまれ」で動きと歌をいったん止めます。
「なのはにあいたら」で再び揺れながら歌い、同様に続けます。

2 手をたたきながら歌う

> ティティター
と軽快に

ティティ	ター	ティティ	ター
♪ちょう	♪ちょう	♪ちょう	♪ちょう

ティティ	ティティ	ティティ	ター
♪なの	♪はに	♪とま	♪れ

★ヒント
ひざをたたくのでもよいでしょう。

『ちょうちょう』の歌詞と同じリズム「ティティター（♫ ♩）」で手をたたきます。
ティティは小さく、ターは大きく、手をたたきます。

この動きを繰り返します。

ちょうちょう

作詞 野村秋足
ドイツ民謡

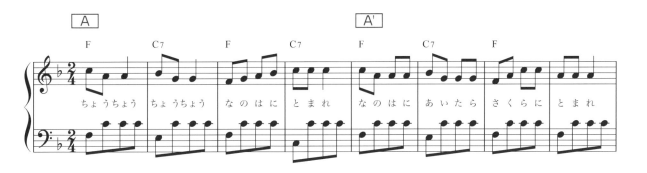

A

F　C7　F　C7　A'　F　C7　F

ちょうちょう ちょうちょう なのはに とまれ なのはに あいたら さくらに とまれ

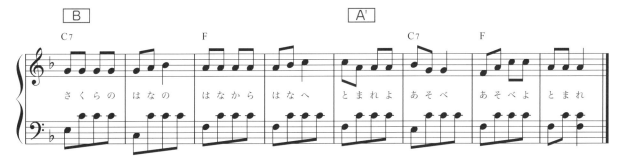

B

C7　F　A'　C7　F

さくらの はなの はなから はなへ とまれよ あそべ あそべよ とまれ

2章

1 拍(ビート)と拍子

2 テンポとダイナミクス

3 リズムパターン

4 フレーズ

5 ニュアンス

6 音楽の形

7 ソルフェージュ

3 [A-A']-[B-A']を感じて動く

色紙のお花畑をひらひら飛ぼう

床に、花に見立てた色紙を置きます。花のまわりを自由に歩いたり、花を指さしながら歌ったりします。

A 自由に歩きます。

A' 向きを変えて反対方向に歩きます。

B 色紙の花を歌に合わせて指さします。

A' 自由に歩きます。

音楽の形

ワルツのリズムに親しむ 3~4 歳児

『やまのワルツ』はおしゃれな和音で奏でられる素敵な歌です。1小節（3拍分）をひとまとまりとして、ゆったりと揺れましょう。

🎼 やまのワルツ

ねらい 1	ワルツの揺れ（スイング）を楽しむ	3拍子の1拍目を少しだけ長めで重めにすることで、揺れ（スイング）をより意識します。	➡ あそび ♪ **1** **2** **3** **4**
ねらい 2	メロディの山場でダイナミクスを感じる	美しいメロディにのせて歌詞の世界を思い浮かべます。歌詞の「〇時になると〜」から盛り上がる音楽を感じます。	➡ あそび ♪ **3** **4**

1 スイングでワルツ

> 1小節を1つのまとまりに感じて

ことばかけ例

> ゆっくりと揺れますよ。

歌いながら、体を左右に揺らします。1拍目で揺れます。

2 ひざ打ち3つと手拍子3つでワルツ

> 3つの拍のまとまりを感じて

> 1.2.3

> 1.2.3

ひざを3つたたく→手を3つたたくを繰り返します。1拍目にアクセントをもちます。

Point!

ワルツは3拍子で書かれますが、1小節（3拍分）を1つのまとまりとして感じるところに特徴があります。1拍目だけステップしながら、揺れる感じを楽しんでもよいでしょう。

2章

1 拍（ビート）と拍子

2 テンポとダイナミクス

3 リズムパターン

4 フレーズ

5 ニュアンス

6 音楽の形

7 ソルフェージュ

やまのワルツ

作詞 香山美子
作曲 湯山 昭

す　て　き　な　や　ま　の　　よ　う　ち　え　ん

{はくじゅう／くちう／じじ／にに／にに} なると {りやく／すぎ／ぎま／のの／のの} ぼう　や　が　やって　き

ます　ロン　リム　リム　ロン　ラム　ラム　ロン　リム　リム　ロン

3 揺れる＋手合わせでワルツ

1をしっかり感じて

1拍目

2、3拍目

♪「やってきます」まで
1拍目は足を左右に1歩ステップ、
2、3拍目は軽く手をたたきます。

♪「ロンリムリム」から
1拍目は手をたたき、2、3拍目は友達と手合わせをします。

4 フープを用いて一緒にワルツ

ダンスをするように

♪「やってきます」まで
2人組になって、フープを持って揺れます。

♪「ロンリムリム」から
フープを持って回ります。

補足リズムで遊ぶ

DVD 14

4~5 歳児

メロディが鳴っていない空間を補うように、その楽譜の最小単位の音符でリズムを打つ「補足リズム」を、わらべうたで体験します。

♪ 十五夜さんの もちつき

| ねらい **1** | 唱え言葉を楽しむ | 「トッテッタ」「シャーンシャーン」などのオノマトペの響きのおもしろさを楽しみましょう。 | ➡ あそび ① ② ③ ④ ⑤ ⑥ |
| ねらい **2** | 補足リズムを楽しむ | 基本のリズムに合いの手を入れる、補足リズムの感覚をつかみます。 | ➡ あそび ② ③ ④ ⑤ ⑥ |

1 唱えながら "トーントーン" の基本のリズムを打つ

> 一定のテンポを保って

子どもは保育者の唱え言葉を聴きながら、餅つきの動きをします。

Point!

リズミカルに唱えることが大事です。
言葉と動きを調和させると、補足リズムを手でたたきやすくなります。

トーントーン♪

「トーントーン」は♩♩のリズムで、互いに右手を上、左手を下にして腕を伸ばしてビートを打ちます。これが基本のリズムになります。
♪「じゅうごやさんの」～「トーントーン」まで2人でこの動きをします。

2 "トッテッタ" をたたく

> "トッテッタ" の「テッ」が大事!

Aさん　Bさん

♪トッ
2人組で向かい合って、**1**のように手をたたきます。Bさんはずっと「トーントーン」と基本のリズムをたたきます。

♪テッ
「テッ」のところで、Aさんは右手でBさんの左手のひらを打ちます。

♪タ
再びAさんは、自分の手をたたきます。

Point!

トッテッタの「テッ」のようなリズム。合いの手のようですね。これが「補足リズム」です。
うまくできないときは、唱え言葉を唱えていないときにみられます。楽譜の唱え言葉をしっかり唱えるようにしましょう。

十五夜さんのもちつき <small>わらべうた</small>

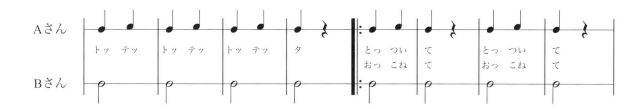

Aさん

じゅうごや　さんの　もちつき　は　トーン　トーン　トッ　テッ　タ

Bさん

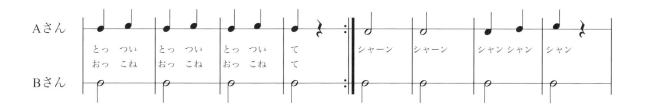

Aさん

トッ　テッ　トッ　テッ　トッ　テッ　タ　とっ　つい　て　とっ　つい　て
おっ　こね　て　おっ　こね　て

Bさん

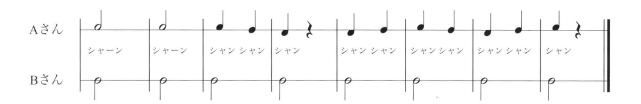

Aさん

とっ　つい　とっ　つい　とっ　つい　て　シャーン　シャーン　シャン　シャン　シャン
おっ　こね　おっ　こね　おっ　こね　て

Bさん

Aさん

シャーン　シャーン　シャン　シャン　シャン　シャン　シャン　シャン　シャン　シャン　シャン　シャン　シャン

Bさん

Point!

補足リズムを感じると、音楽がより立体的に、いきいきとします。伴奏をする際も同様です。
言葉を明確に、1拍目は少しアクセントをつけて唱えるとよいでしょう。

2章

① 拍（ビート）と拍子
② テンポとダイナミクス
③ リズムパターン
④ フレーズ
⑤ ニュアンス
⑥ 音楽の形
⑦ ソルフェージュ

③ "トッテッ トッテッ トッテッタ" をたたく

相手の手と
ぶつからないように

❷ができたら、「トッテッ トッテッ トッテッタ」
をたたきます。保育者は唱え言葉をリードして唱
えましょう。

Aさん　　Bさん

♪トッ テッ
トッ テッ
❶〜❷を
2回繰り返します。

❶ ♪トッ
2人組で向かい合って、手をたた
きます。Bさんは「トーントーン」
と基本のリズムをたたきます。

❷ ♪テッ
Aさんは右手でBさんの左手
のひらを打ちます。

❸ ♪タ
再びAさんは、自分の手をたたきます。

---

④ "とっついて" をたたく

お餅をつく
動作をする

❸ができたら、「とっついて」をたたきます。
保育者は唱え言葉をリードして唱えましょう。

Aさん　　Bさん

♪とっついて
❶〜❸を繰り返します。

♪とっつい とっつい
❶〜❷を2回繰り返します。

♪とっついて
❶〜❸を繰り返します。

❶ ♪とっ
2人組で向かい合って、手をたた
きます。Bさんは「トーントーン」
と基本のリズムをたたきます。

❷ ♪つい
AさんはBさんの左手のひ
らを両手でつつきます。

❸ ♪て
再びAさんは自分の手を
たたきます。

---

⑤ "おっこねて" をたたく

お餅をこねる
動作をする

❹ができたら、「おっこねて」をたたきます。
保育者は唱え言葉をリードして唱えましょう。

Aさん　　Bさん

♪おっこねて
❶〜❸を繰り返します。

♪おっこね　おっこね
❶〜❷を2回繰り返します。

♪おっこねて
❶〜❸を繰り返します。

❶ ♪おっ
2人組で向かい合って、手をたた
きます。Bさんは「トーントーン」
と基本のリズムをたたきます。

❷ ♪こね
AさんはBさんの手の間で
お餅をこねる動きをします。

❸ ♪て
再びAさんは自分の手を
たたきます。

2章

① 拍（ビート）と拍子
② テンポとダイナミクス
③ リズムパターン
④ フレーズ
⑤ ニュアンス
⑥ 音楽の形
⑦ ソルフェージュ

6 "シャーン シャーン シャン シャン シャン"をたたく

最後の仕上げを楽しんで！！

⑤ができたら「シャーン シャーン シャン シャン シャン」をたたきます。保育者は唱え言葉をリードして唱えましょう。

Aさん　Bさん

①♪シャーン シャーン
Bさんは基本のリズムを打ちます。AさんはBさんの手の下で手を2回たたきます。

②♪シャン
AさんはBさんの手の下で手をたたきます。

③♪シャン
AさんはBさんの手の間で手をたたきます。

④♪シャン
AさんはBさんの手の上で手をたたきます。

⑤♪シャーン シャーン
AさんはBさんの手の上で手を2回たたきます。

⑥♪シャン
AさんはBさんの手の上で手をたたきます。

⑦♪シャン
AさんはBさんの手の間で手をたたきます。

⑧♪シャン
AさんはBさんの手の下で手をたたきます。

⑨♪シャン
AさんはBさんの手の下で手をたたきます。

⑩♪シャン
AさんはBさんの手の間で手をたたきます。

⑪♪シャン
AさんはBさんの手の上で手をたたきます。

⑫♪シャン
AさんはBさんの手の間で手をたたきます。

⑬♪シャン
AさんはBさんの手の下で手をたたきます。

⑭♪シャン
AさんはBさんの手の間で手をたたきます。

⑮♪シャン
AさんはBさんの手の上で手をたたきます。

全部続けてやってみましょう。交替して行います。

身振りでカノンを楽しむ 4~5歳児

カノン（輪唱）は、同じ施律やリズムを一定の時間だけ遅れて歌い、音の重なりを楽しみます。ここでは、2つのグループに分かれてやってみましょう。

♪ だるまさん

ねらい1	音楽に合わせて揺れる	『だるまさん』を歌いながら動き、友達と一緒に歌と動きを楽しみます。	→ あそび ① 2 3 4
ねらい2	カノン（輪唱）に親しむ	2つのグループに分かれて歌います。歌と動きが重なりあう楽しさを味わいましょう。	→ あそび 3 4

1 リズミカルに動く

「また起きた」で戻るところがおもしろい

保育者と一緒に歌いながら、最初は両手を胸に当てる「やさしいだるまさんのポーズ」で動きます。

ことばかけ例

やさしいだるまさんになって。

両手を胸に当てて、やさしいだるまさんになって立ちます。

Point！

はじめは「右に」「戻る」「左に」…と声をかけてあげるとよいでしょう。

♪こ**ろんだ**
体を右に傾けます。

♪おきた
体を起こします。

♪だるまさ
体を左に傾けます。

♪ん
体を起こします。

♪**ころんだと　おもったら**
体を大きく右に傾けます。

♪またおき
体を大きく左に傾けます。

♪た
体を起こします。

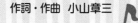

だるまさん

作詞・作曲　小山章三

第1グループ
こ　ろん　だ　　おき　た　　だるま　さん　　　　こ　ろん　だ　と

第2グループ
こ　ろん　だ　　おき　た　　だ　る　ま　さ

第1グループ
お　もっ　たら　　また　お　き　た

第2グループ
ん　　　　こ　ろん　だと　お　もっ　たら　　また　お　きた

いろいろなだるまさんになって動く

どんなだるまさんができるかな

強いだるまさんやかわいいだるまさんなど、好きなだるまさんのポーズをして動きます。

ことばかけ例

大きく体を傾けると強そうになるよ。

強いだるまさんのポーズで歌いましょう

Point!

・歌い始める前の拍（息を吸うところ）をそろえるようにしましょう。

・歌い始めるときに、保育者は、「さん、ハイ」「どうぞ」などと合図をしてあげましょう。

次に「強いだるまさん」、3番目は「かわいいだるまさん」、4番目は「おひげのだるまさん」、5番目は「眠いだるまさん」のように、好きなだるまさんのポーズで❶の動きを続けていきます。

3 2グループに分かれて動く

カノンではだんだん速くならないように気をつけて

第2グループは4拍遅れで歌い始めます。動き方は ① と同じです。1回目はやさしいだるまさん、2回目は強いだるまさんのポーズで、続けて歌いましょう。

第1グループ

ことばかけ例

やさしいだるまさんで

① ♪ころんだ　② ♪おきた　③ ♪だるまさ　④ ♪ん

第2グループ

第2グループお休み　第2グループお休み

① ♪ころんだ　② ♪おきた

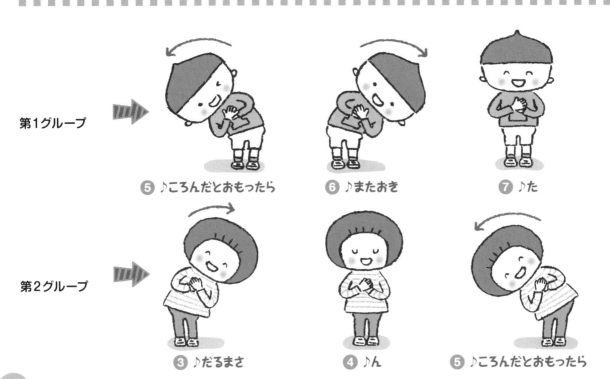

第1グループ

⑤ ♪ころんだとおもったら　⑥ ♪またおき　⑦ ♪た

第2グループ

③ ♪だるまさ　④ ♪ん　⑤ ♪ころんだとおもったら

第1グループ

ことばかけ例

強い
だるまさんで

① ♪ころんだ   ② ♪おきた   ③ ♪だるまさ   ④ ♪ん

第2グループ

⑥ ♪またおき   ⑦ ♪た   ① ♪ころんだ   ② ♪おきた

以下、同様に続けます。

2 章

① 拍(ビート)と拍子

② テンポとダイナミクス

③ リズムパターン

④ フレーズ

⑤ ニュアンス

⑥ 音楽の形

⑦ ソルフェージュ

4 心の中で歌いながら動く

心の中で歌うのが「心唱」

Point！

歌うときに、グループで向かい合って歌うと盛り上がります。

2つのグループに分かれて、向かい合って声を出さずに心の中で『だるまさん』を歌います。
慣れてきたら ③ と同じように動きながら、声を出さずに歌います。

アレンジ♫

ポーズ替えや
字抜きうたなどに挑戦

・1回目は座って歌う、2
回目は立って歌う、3回
目はまた座って歌う、な
どにも挑戦してみよう。

・字抜きうたの要領で、
「た」だけ歌わない、あ
るいは「た」だけ手をた
たく、などの約束をみん
なで決めても楽しいで
す。

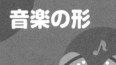

音楽の形

ポルカのリズムに親しむ  4~5歳児

ポルカは、19世紀ヨーロッパで広まった踊りで、「ティティター（♫ ♩）」の速いリズムを特徴としています。みんなで楽しく踊りましょう。

はたけのポルカ

| ねらい1 | ポルカのリズムに親しむ | 肩や手をたたく、手合わせをするといった動きを通して、ポルカ（ティティター）のリズムに親しみます。 | → あそび ① ② ③ |
| ねらい2 | ポルカのリズムを感じながら踊る | 2人組になり、手をつないで、ポルカのリズムを楽しみましょう。 | → あそび ③ |

1 リズムをたたいてポルカに親しむ

> ティティターで気持ちがはずむ

子どもは「ティティター（♫ ♩）」のリズムで、小節の1拍目でひざをたたき、2拍目で手をたたきます。子どもがたたくことに慣れたら、そのリズムに合わせて、保育者は『はたけのポルカ』を歌います。

ティティ	ター
♫	♩

1拍目

「ティティ（♫）」でひざを2回たたきます。

2拍目

「ター（♩）」で手を1回たたきます。

Point!

・幼稚園や保育園で、「ティティター」はとてもなじみ深いリズムです。朝の集まりなどでも「手ー手ー前」で聴きなじんでいますね。

・単調にならないように、「ター」のところで好きなポーズをしたり、「とまとー」「すいかー」「エイエイオー」などのかけ声を唱えたりして、楽しみましょう。

『はたけのポルカ』は、ティティターのリズムを基礎に置いた音楽です。弾むように（地面から宙に浮き上がるような感じ）で動くと楽しいですね。

アレンジ♫

体のいろいろな部位でたたく

「手ー手ーひざ」や「足ー足ー肩」、「ひざーおなかー肩」など、いろいろな部位で「ティティター」をたたきましょう。

足

肩

おなか

はたけのポルカ

訳詞 峯 陽
ポーランド民謡

あ　F　い　C7　F
いちばんめの　はたけーに　キャベツーを　うえたら

う　F　え　C7　F
となりの　ひつじーが　ムシャムーシャ　たべた

お　B♭　F　C7　F
はたけーの　まわりーで　ポルカーを　おどろう

き　B♭　F　C7　F
ひつじーを　つかまえて　ポルカーを　おどろう

ティティタ〜

2章

① 拍（ビート）と拍子
② テンポとダイナミクス
③ リズムパターン
④ フレーズ
⑤ ニュアンス
⑥ 音楽の形
⑦ ソルフェージュ

2 ステップと手拍子でティティター

軽やかに動く

「ティティター（♫ ♪）」のリズムでステップし、続いて手をたたくことを繰り返します。動きに慣れたら、ピアノに合わせて動きましょう。

Point!

ステップするとき、足が重くなって、遅くなりやすいので気をつけましょう。

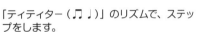

「ティティター（♫ ♪）」のリズムで、ステップをします。

その場で「ティティター（♫ ♪）」のリズムで、手を3回たたきます。

曲の終わりまで、同様に繰り返します。

3 2人で踊る

息を合わせて踊る

ポルカのリズムに慣れてきたら、2人で一緒に踊りましょう。

♪ ⓐのところ

2人で向かい合って立ち、手をつないで、「片足を横にチョン―戻す」を2回。

♪ ⓘのところ

手をつないだまま、出した足の方へ4拍分横にぴょんぴょんと跳ねます（ギャロップ）。

♪ ⓤ〜ⓔのところ

ⓐ〜ⓘの動きを、反対の足で繰り返します。向きも反対方向へ。

手をたたく

ひざをたたく

手合わせ

♪ ⓐ〜ⓚのところ

2人で向かい合って、手を3回、ひざを3回、手を3回、手合わせで3回、たたきます。

♪ ⓦ〜ⓠのところ

手をつないでひと回りします。

自由に振りをつけて
2人組などになり、自由に振りをつけて、楽しく踊ってみましょう。

♪ ⓐ〜ⓘのところ
先に1人が8拍分、「ティティター（♫♩）」に合わせて、ギャロップして止まります。

♪ ⓤ〜ⓔのところ
もう1人が、前の人のところまで、8拍分「ティティター（♫♩）」に合わせてギャロップします。

♪ ⓞ〜ⓚのところ
2人で向かい合って、右耳のところで手を4拍分キラキラ、左耳のところで手を4拍分キラキラさせます。

♪ ⓦ〜ⓛのところ
2人で向かい合って両手をつなぎ、8拍分ギャロップします。

2 章
1 拍（ビート）と拍子
2 テンポとダイナミクス
3 リズムパターン
4 フレーズ
5 ニュアンス
6 音楽の形
7 ソルフェージュ

ピッチの違いを識別する

1~2 歳児

高い音と低い音を聴き分けて動きます。歩く途中で突然、高い音や低い音が聴こえてきます。即時的な応答を楽しみましょう。

♪ 高い音の音楽
低い音の音楽

| ねらい 1 | 高い音と低い音を聴き分ける | 2つの違う音（高い音／低い音）を聴き分けます。 | → あそび 1 2 3 |
| ねらい 2 | ピッチの違いを聴き分けて動く | 音の高さの違いを識別して、すぐに体の動きで反応します。 | → あそび 1 2 3 |

1 リズミカルにひざをたたく

ピョンはうさぎさん、ドンはくまさん

高い音はうさぎのまね、低い音はくまのまねで、ピッチの違いを聴き分けます。

保育者は、ふだん歌っている歌『きらきらぼし』『ちょうちょう』などを高い音や低い音で弾きます。子どもたちは、リズミカルにひざをたたきます。

Point！

この活動では、リズムにのった動きが大切です。うさぎさんもくまさんも、リズムの流れの中で参加を促していきましょう。

うさぎさん！　　　くまさん！

保育者はメロディーを弾き、子どもはひざをたたきます。次に、高い音でフレーズを弾きながら「うさぎさん！」と言い、うさぎのしぐさをします。子どもはそれをまねします。低い音の時は「くまさん！」と言って、くまのしぐさを子どもと一緒にしましょう。保育者2人で行うとよいでしょう。

2 高い音が聴こえたら跳ぶ

高い音でピョン！

音楽に合わせて歩きます。途中で高い音が聴こえたらピョンと跳び、再び音楽が聴こえたら歩きます。

音楽 歩く

高い音が鳴ったら ピョンと跳ぶ

Point！

② ③ は対照的な2つの音（高い音／低い音）を識別する活動です。この活動を楽しむには、子どもが高い音と低い音のどちらが聴こえてくるか、期待感をもって聴けることが大切です。

＜高い音の音楽＞

3 低い音が聴こえたらしゃがむ

今度は低い音！！

音楽に合わせて歩きます。途中で低い音が聴こえたらしゃがみ、再び音楽が聴こえたら歩きます。

音楽 歩く

低い音が鳴ったら しゃがむ

アレンジ

② ③ を組み合わせて

歩くかわりに、走ったり、ゆっくり歩いたりしながら、動いてみましょう。

② ③ を組み合わせて、「途中で高い音、低い音、どっちの音が聴こえるかな？」と問いかけてみましょう。

1 拍（ビート）と拍子
2 テンポとダイナミクス
3 リズムパターン
4 フレーズ
5 ニュアンス
6 音楽の形
7 ソルフェージュ

＜低い音の音楽＞

エコー唱を楽しむ

2~3 歳児

エコー唱は「反復唱」とも呼ばれます。歌と動きで、まねっこ遊びを楽しみましょう。

🎼 もりのくまさん

ねらい 1　エコー唱を楽しむ

保育者とまねっこ遊びをしながら、エコー唱を楽しみます。

あそび 1 2 3 4

1 保育者のまねをする

まねっこ遊び

ほっぺをチョン

保育者は「頭をさわる」「肩にふれる」「足をなでる」「ほっぺをチョン」など、ジェスチャーをします。子どもは保育者のまねをしましょう。

2 『もりのくまさん』を歌う

タンタン手拍子

保育者と一緒に、手拍子でビート（♩）をとりながら歌います。

3 歌の合間に「ティティティティ（♪♪♪♪）」をたたく

歌って手拍子

アレンジ 🎵

手をたたくかわりに、くまさんがトコトコ歩いている感じで「ティティティティ」を動いてみましょう。

♪あのところ　　♪いのところ　　♪あのところ　　♪いのところ　　♪うのところ

後半は、ター（♩）のリズムでひざをたたきます。

歌の合間に「ティティティティ（♪♪♪♪）」と手をたたきます。前半はそれを繰り返します。

2章

① 拍（ビート）と拍子

② テンポとダイナミクス

③ リズムパターン

④ フレーズ

⑤ ニュアンス

⑥ 音楽の形

⑦ ソルフェージュ

もりのくまさん

訳詞 馬場祥弘
アメリカ民謡

1. あるー ひ もりのなか くまさん
2. くまさんの いうこと にゃ

おじょうさん くまさんに であった

はなさく もりのみち
スタコラ サッ サッ サッ の ち

くまさん にであっ た
スタコラ サッ サッ サッ の た

④ 2つのグループに分かれて歌う

つられないように
楽しく輪唱

歌うときは立って、歌わないときは椅子に座ってエコー唱します。

| 1グループ | あるー｜ひ | ｜ もりのな｜か | ｜ くまさん｜ |
| 2グループ | | あるー｜ひ | ｜ もりのな｜か ｜ |

| 1グループ | に ｜ であっ｜た | ｜ はなさく｜ |
| 2グループ | くまさん｜に ｜ であっ｜た はなさく｜ |

| 1グループ | もりのみ｜ちー | ｜ くまさん｜にであっ｜たー |
| 2グループ | もりのみ｜ちー | ｜ くまさん｜にであっ｜たー |

アレンジ 🎵

2人組で追いかけっこ風に

2人組になり、最初に1人が、「♪♪♪♪」とステップします。もう1人があとから「♪♪♪♪」とステップします。交互に動き、「はなさく」からは2人で手をつないで歩きます。

あるーひ ♪

つぎだ

ソルフェージュ

ドの音を識別する

ドの音を歌ったり、ドの音が聴こえたらフープに入ったり、歩いたりしてみましょう。ドの音の響きを体で感じ、識別します。

 ドの音楽　歩く音楽

| ねらい **1** | ドの音に親しむ | ドの音を歌い、ドの音の響きに親しみます。 | ➡ あそび **1** **2** |
| ねらい **2** | ドの音を聴き分けて動く | ドの音が聴こえたら動きます。ドの音とそのほかの音を識別します。 | ➡ あそび **1** **2** |

1 ひざをたたきながらドを歌う

ドの音わかるかな？

ひざをたたきながらドを歌います。違う音が聴こえたらやめます。

＜ドの音楽＞

ドが聴こえているとき　　　　　　　　　ド以外の音が聴こえたら

何もしません。

Point!

リズミカルな動きを大切にしましょう。躍動感のあるリズムでドの音を奏でることによって、音楽が豊かに感じとれます。

ピアノの音楽に合わせて、ひざをたたきながら「ドドドド…」と歌います。

2章

① 拍（ビート）と拍子

② テンポとダイナミクス

③ リズムパターン

④ フレーズ

⑤ ニュアンス

⑥ 音楽の形

⑦ ソルフェージュ

2 ドが聴こえたらフープの中へ

ドの音見つけた！

フープの間を歩きます。ドの音が聴こえたらフープの中に入り、「ドドドド…」と歌いましょう。

〈歩く音楽〉

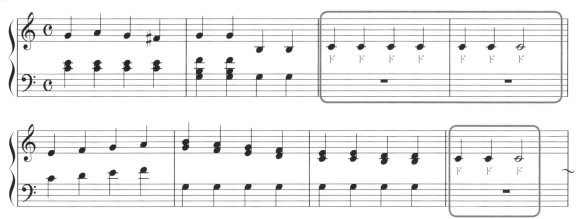

〈歩く音楽〉が聴こえているとき

部屋のあちこちにフープを置きます（ロープで大きな円を作ってもOK）。
子どもは『歩く音楽』に合わせてフープの間を歩きます。

ドが聴こえたら

ドドドド…

アレンジ♫

走ったり、止まったり
慣れてきたら、歩くかわりに走ったり、ピアノを途中で止めて、動きも止めたりしましょう。単調にならないように、強弱やテンポを変えて弾きます。

『歩く音楽』の途中で「ド」の音が聴こえたら、子どもはすぐにフープに入って足踏みします。
慣れてきたら、フープの中でひざをたたきながら「ドドドド…」と歌いましょう。

169

ソルフェージュ

ドとソを識別する

3~4 歳児

ドとソの音の違いを聴き分けて動いてみましょう。響きの違いや動きの違いを、いろいろな強さや速さで体験しましょう。

♪ メリーさんの ひつじ

ねらい 1 ドとソの音を 聴き分ける

音楽を聴いて動きながら、ドとソの音の違いを識別し、動いてみましょう。

→ あそび **1** **2** **3** **4**

---

1 ドとソを 歌う

ドはひざ、ソは肩をタッチ

Point！

子どもの手の動きをしっかり観察しましょう。手の動きで子どもが音を識別しているかがわかります。不安そうにしていたら、「ドだね」や「ソだね」と確認してあげましょう。

ド ド ド ド …

ソ ソ ソ ソ …

子どもは、保育者の＜ドを歌う＞のピアノに合わせて、ひざをたたきながら「ドドドド…」と歌います。

途中で、＜ソを歌う＞のソの音に変わったら、「ソソソソ…」と歌いながら、肩をたたきます。

---

2 フープで、ドとソの 違いを表す

ドは低く、ソは高く

ドの音が聴こえているときは、フープを低い位置で、ソの音のときは肩の位置で、軽く動かします。

ド ド ド ド …

数人でフープを持ちます。保育者のピアノで、ドの音が聴こえているときは、フープを足首くらいの低い位置で、横に軽く動かします。

ソ ソ ソ ソ …

ソの音が聴こえているときは、フープを肩くらいの高い位置で横に軽く動かし、リズムをとります。

メリーさんのひつじ

訳詞 高田三九三
アメリカ曲

<ドを歌う>

<ソを歌う>

3 ドとソを
聴いて動く

途中のドやソを
よく聴いて

ド だ!

『メリーさんのひつじ』を歌います。メロディーの途中で「ドドドド…」「ソソ
ソソ…」を弾きます。それが聴こえたら子どもは①のように動きます。

4 短い旋律を
聴いて歌う

ドとソを歌う!

保育者は、ドとソの2小節ほ
どの短い旋律<ドとソを歌う
>を弾きながら歌います。
続いて子どもが歌います。

<ドとソを歌う>

(右側のタブ)
2 章
① 拍(ビート)と拍子
② テンポとダイナミクス
③ リズムパターン
④ フレーズ
⑤ ニュアンス
⑥ 音楽の形
⑦ ソルフェージュ

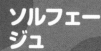
ソルフェージュ

3音列（ミレド、ドレミ）を歌う

DVD **18**

3~4 歳児

隣り合った3つの音でできた3音列の旋律を歌います。音列の方向を意識するように促しましょう。

🎼 すいかの名産地

ねらい 1 ミレド（下行）、ドレミ（上行）の違いに気づく

3つの音を指したり、ハンドサインをしたりしながら歌いましょう。3音列が上行か下行かを識別します。 ➡ あそび **1 2 3**

1 『すいかの名産地』を歌う

💭 保育者と交互に歌う

『すいかの名産地』の譜面のあのところを保育者が、いのところを子どもが歌い、うは一緒に歌いましょう。

2 音名に変えて歌う

💭 音の高さを感じて

いのところは、「ミーレードー」と音名にして、子どもと一緒にハンドサインをしながら歌います。

♪ミー
両手をおなかにあてます。

♪レー
両手を横に開きます。

♪ドー
両手をひざに置きます。

Point!
この年齢の歌声（音程）は、まだまだ不安定です。ここでは音程を正確に歌うことよりも、動き（ハンドサイン）で音の違いや、音の順序性に気づくことが重要です。

すいかの名産地

訳詞 高田三九三
アメリカ民謡

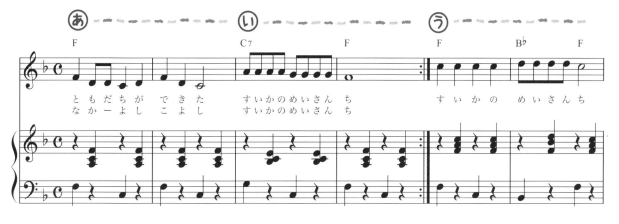

2章

① 拍（ビート）と拍子

② テンポとダイナミクス

③ リズムパターン

④ フレーズ

⑤ ニュアンス

⑥ 音楽の形

⑦ ソルフェージュ

3 ハンドサインを見て歌う

「ドレミ」「ミレド」どっちかな？

ミレドだ！

ミーレードー

①のところを「ドーレーミー」か「ミーレードー」で歌います。

Point！

ハンドサインは、歌のタイミングから外れないように。「ともだちができた」の「た」のところで、ミまたはドの位置に手を置いて、子どもがスタートの音を予感できるようにしましょう。

保育者と子どもは一緒に『すいかの名産地』を歌います。①のところで、保育者は、❷のハンドサイン（ドレミorミレド）をします。子どもはそれ見て一緒に「ドーレーミー」か「ミーレードー」を歌います。

全音と半音を識別する

全音と半音、2つの音程の違いを直感的に識別し、手の動きやポーズで答えます。

おはよう

ねらい 1 全音と半音を識別する

全音と半音の違いを識別して、唱えたり、動いたりします。 → あそび **1** **2** **3**

1 全音で「おはよう」

元気な「おはよう」

手を大きく上下に動かしながら、全音で「おはよう」を唱えます。

ことばかけ例
とても元気な「おはよう」でしたね。

先生が「おはよう」って言ったら、みんなもまねして「おはよう」って言ってくださいね

保育者は、手を大きく上下に動かしながら、「おはよう」と、全音の2つの音で唱えます。
子どもはまねして唱えます。

2 半音で「おはよう」

しょんぼりの「おはよう」

手を小さく上下に動かしながら、半音で「おはよう」を唱えます。

ことばかけ例
なんだか元気のない「おはよう」でしたね。

保育者は、手を小さく上下に動かしながら、「おはよう」と、半音の2つの音で唱えます。
子どもはまねして唱えます。

おはよう

作詞・作曲 不詳

(譜例：全音／半音の「おはよう」、全音／半音の「げんきなこえでおはよう」「かなしいこえでおはよう」)

全音　保育者　子ども　お は よう　お は よう

半音　保育者　子ども　お は よう　お は よう

全音　保育者　子ども　げ ん き な こ え で お は よう　お は よう

半音　保育者　子ども　か な し い こ え で お は よう　お は よう

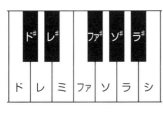

3 どっちの「おはよう」？

全音と半音、どっちかな？

ことばかけ例

元気な「おはよう」か、元気のない「おはよう」を弾くので、手を動かして「おはよう」を唱えてくださいね。

アレンジ ♫

言葉を変えて唱えてみましょう

保育者が全音で「みーなーさん」と唱えたら、子どもは全員で「はーあーい」と応えます。

保育者が「はーなこさん」と唱えたら、はなこさんは1人で「はーあーい」と応えます。

全音のときは ❶ の広いポーズで、半音のときは ❷ の狭いポーズで、動きながら歌いましょう。

※「ド」と「ド#」、「ミ」と「ファ」など、すぐ隣り合うものが半音、「ド」と「レ」、「レ」と「ミ」など、2つ隣りのもの（半音2つ分）が全音です。

保育者は、全音か半音、いずれかの「おはよう」を弾きます。子どもはどちらかを判断して、手を動かして「おはよう」を唱えます。

(鍵盤図：ド# レ# ファ# ソ# ラ# ／ ド レ ミ ファ ソ ラ シ)

2 章
1 拍（ビート）と拍子
2 テンポとダイナミクス
3 リズムパターン
4 フレーズ
5 ニュアンス
6 音楽の形
7 ソルフェージュ

全音の音程に親しむ

唱え言葉は、全音の音程で歌われます。ここでは唱え言葉で遊びながら2音の旋律に親しみます。

 たこたこあがれ

ねらい 1　唱え言葉に親しむ　身近な唱え言葉を用いて、全音の音程に親しみます。　→ あそび 1 2 3

ねらい 2　全音の音程を意識する　全音の高い音と低い音を、体の動きで感じます。　→ あそび 1 2 3

1 唱え言葉を唱える

> 2つの音でかけ合い

「あーそーぼ」「いーいーよ」と、保育者と子どもで、唱え言葉をかけ合います。

 あーそーぼ♪ / いーいーよ

 い

 い / よ

① かけ合いを楽しみます
保育者はリズミカルに「あーそーぼ」と唱え、子どもは同じ音程とテンポで「いーいーよ」と応えます。

② 手を上げ下げして、かけ合います
全音2音の高低を、手の上げ下げで表します。「い」で手を上げ、次の「い」で下げ、「よ」で上げて唱えます。

Point !

単調にならないように、テンポや強弱、歌い始めの音を変化させて唱えましょう。

Point !

日本語の高低アクセントで唱え言葉遊び

アクセントは「目立つところ」という意味です。音楽では、"強弱アクセント" と "高低アクセント" がその代表的なものです。

欧米のことばは "強弱アクセント" でできています。日本語は "高低アクセント" で意味がつけられます。例えば2音節の言葉の場合、高い音と低い音の2音で唱えられ、「はし↑」「はし↓」「あめ↑」「あめ↓」と、アクセントで意味が変わることもあります。

あそび❶とアレンジは、日本語のもつ高低アクセントを意識して、ピッチ（音の高さ）の変化を識別しようとするものです。

保育者　　　子ども　　　保育者　　　子ども

あ　そ　ぼ　　　い　い　よ　　　あ　そ　ぼ　　　い　い　よ

保育者　　　子ども　　　保育者　　　子ども

あ　そ　ぼ　　　い　い　よ　　　あ　そ　ぼ　　　い　い　よ

保育者　　　子ども　　　保育者　　　子ども

あ　そ　ぼ　　　い　い　よ　　　あ　そ　ぼ　　　い　い　よ

アレンジ♫

名前を呼んでかけ合い

全音2音で子どもの名前を呼びかけ、同じ音程で答えましょう。

| はー　　ちゃん | はー　　い | いち　　くん | はー　　い |
| なこ | あー | ろう | あー |

は　な　こ　ちゃん　　は　あ　い　　い　ち　ろう　くん　　は　あ　い

2 カードを指さしながら歌う

高さの違いを意識して

ことばかけ例

上の音と下の音があるね。

上の音と下の音がわかるようにカードを提示し、保育者と一緒に指さしながら『たこたこあがれ』を歌います。

た　た　あ　が　れ
こ　こ
て　　　あ　が　れ
ん　ま　で

たこたこ
あがれ♪

たこたこあがれ　　　わらべうた

た　こ　た　こ　　あ　が　れ　　て　ん　ま　で　　あ　が　れ

2章
① 拍（ビート）と拍子
② テンポとダイナミクス
③ リズムパターン
④ フレーズ
⑤ ニュアンス
⑥ 音楽の形
⑦ ソルフェージュ

3 線に乗ったり降りたりして歌う

高い音は上がるよ

テープなどを使って、『たこたこあがれ』を歌いながら動きます。

線の上に立つ	た		た	あ	が	れ	て		あ	が	れ
後ろに下がる		こ		こ				ん	ま	で		

ことばかけ例

準備はいいですか？
音が上がったら線の上、下がったら後ろに下がってくださいね。

た

こ

高い音は線の上、低い音は線の後ろに、ステップしながら歌います。

第3章

やってみよう
リトミック発表会

2-3 おおきなかぶ

ロシア民話

登場人物

- おじいさん
- ねこ
- おばあさん
- ねずみ
- まご
- ことり
- いぬ

Point!

登場人物みんなで力を合わせ、リズムにのって大きなかぶを抜きます。「うんとこしょ　ほい　ひっぱるぞー」のリズムを手でたたいたり、体の動きで表現したりしましょう。

衣装

おばあさん

三角巾

エプロン

おじいさん

麦わら帽子

くわ（段ボールに色画用紙を貼り、ボール紙を丸めて作った柄を取り付ける）

かぶの種の袋（茶色）

ベスト（カラーポリ袋）

まご

ベスト（カラーポリ袋）

いぬ

いぬの耳

ベスト（カラーポリ袋、茶）

ねこ

ねこの耳

ベスト
（カラーポリ袋、オレンジ）

ねずみ

ねずみの耳

ベスト
（カラーポリ袋、灰色）

ことり

ことりのかぶりもの（黄色のカラー
帽子や、深めの紙皿を黄色に塗った
ものに、色画用紙で作った目とくち
ばしをつける）

ベスト（カラー
ポリ袋、黄色）

ベストの作り方

カラービニール
テープで縁取る

カラーポリ袋を
ベスト型に切る

おじいさんとまごは前開き、
いぬ・ねこ・ねずみ・ことりは
頭からかぶる形にする

動物のかぶりものの作り方

カチューシャにフェルトや
厚紙で作った耳を貼る

🎼 小道具

おおきなかぶ

緑の布を細く切って
白い布に縫いつける

白い布の袋に発泡ス
チロールを詰める

畑の草

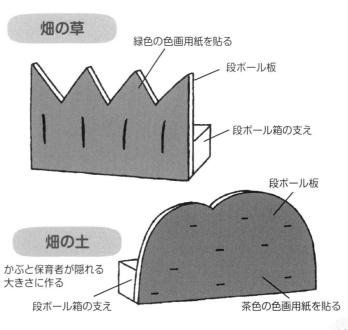

緑色の色画用紙を貼る

段ボール板

段ボール箱の支え

段ボール板

畑の土

かぶと保育者が隠れる
大きさに作る

段ボール箱の支え

茶色の色画用紙を貼る

脚本

舞台下手に畑の土を置く。その後ろにかぶを見えないように置き、保育者が押さえて座る。舞台上手～中央に草を置く。おじいさん、おばあさん、まご、いぬ、ねこ、ねずみは上手袖で待つ。ナレーターは下手に、ことりたちは舞台後方に立つ。

第1場　おじいさんとおばあさん

おじいさんが、舞台上手から、くわとかぶの種の袋を持って登場する。

〈舞台設定〉

😊…おじいさん　　😺…ねこ
😊…おばあさん　　🐭…ねずみ
😊…まご　　　　　🐦…ことり
🐻…いぬ　　　　　🎤…ナレーター

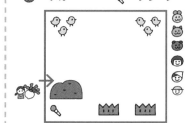

ナレーター	晴れた日のこと。 おじいさんは、畑にかぶの種をまきました。 おじいさんが、くわで畑を耕して、種をまくしぐさをする。
おじいさん	おいしくて、おおきなかぶになれー。

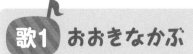

歌1　おおきなかぶ

おいしい　おいしい　かぶになれ
げんきで　おっきな　かぶになれ
ほっぺが　おちそうな
おいしい　かぶになれ

おじいさんと一緒に、舞台袖から、みんなで歌1を歌う。ことりたちは歌に合わせて踊る（振付p186）。

ナレーター	すると、かぶはどんどん成長し、 とっても大きなかぶになりました。 畑の後ろに隠れていた保育者が、かぶの葉を畑から少しずつ出していく。
おじいさん	大きくて、あまーいかぶができたぞ。 抜いてみよう。 おじいさんは、かぶの葉を歌2に合わせてひっぱる。保育者はおじいさんの動きに合わせて、かぶを少し動かす。

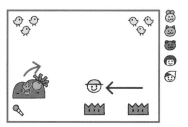

歌2　うんとこしょ　ほい

うんとこしょ　ほい　ひっぱるぞー
うんとこしょ　ほい　ひっぱるぞー

おじいさんと一緒に、舞台袖から、みんなで歌2を2回歌う。ことりたちは歌に合わせて踊る（振付p187）。

ナレーター	おやおや？　かぶは抜けません。 困ったおじいさんは、おばあさんを呼びました。
おじいさん	おばあさんやーい！　手伝っておくれ。
おばあさん	はーい！ 舞台の上手からおばあさんが登場。おじいさんの後ろについて、歌2に合わせておじいさんの体をひっぱる。保育者はおじいさん、おばあさんの動きに合わせて、かぶを少し動かす。

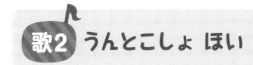

歌2　うんとこしょ ほい

おじいさん、おばあさんと一緒に、舞台袖からみんなで歌2を2回歌う。ことりたちは歌に合わせて踊る。

第2場　まごといぬ

ナレーター	かぶは抜けません。 困ったおばあさんは、まごを呼びました。
おばあさん	まごやーい！　手伝っておくれ。
まご	はーい！ 舞台の上手からまごが登場。おばあさんの後ろについて、歌2に合わせておばあさんの体をひっぱる。保育者はおじいさん、おばあさん、まごの動きに合わせて、かぶを少し動かす。

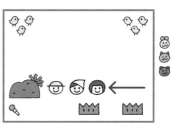

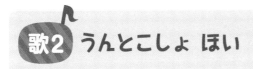

歌2　うんとこしょ ほい

おじいさん、おばあさん、まごと一緒に、舞台袖からみんなで歌2を2回歌う。ことりたちは歌に合わせて踊る。

ナレーター	おかしいな。かぶは抜けません。 困ったまごは、いぬを呼びました。
まご	いぬやーい！　手伝っておくれ。
いぬ	はーい！ 舞台の上手からいぬが登場。まごの後ろについて、歌2に合わせてまごの体をひっぱる。保育者はおじいさん、おばあさん、まご、いぬの動きに合わせて、かぶを少し動かす。

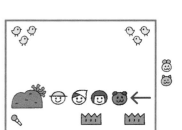

歌2 うんとこしょ ほい

おじいさん、おばあさん、まご、いぬと一緒に、舞台袖からみんなで歌2を2回歌う。ことりたちは歌に合わせて踊る。

第3場　ねことねずみ

ナレーター	どうしたことか、かぶは抜けません。 困ったいぬは、ねこを呼びました。
いぬ	ねこやーい！ 手伝っておくれ。
ねこ	はーい！ 舞台の上手からねこが登場。いぬの後ろについて、歌2に合わせていぬの体をひっぱる。保育者はおじいさん、おばあさん、まご、いぬ、ねこの動きに合わせて、かぶを少し動かす。

歌2 うんとこしょ ほい

おじいさん、おばあさん、まご、いぬ、ねこと一緒に、舞台袖からみんなで歌2を2回歌う。ことりたちは歌に合わせて踊る。

ナレーター	どうしましょう。 かぶは抜けません。 困ったねこは、ねずみを呼びました。
ねこ	ねずみやーい！ 手伝っておくれ。
ねずみ	はーい！ 上手からねずみが登場。ねこの後ろにつく。
おじいさん	よーし、みんなで力を合わせるぞ！
全員	ひっぱるぞ、おー！

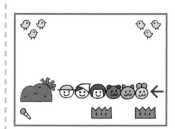

第4場　みんな一緒に

歌3　ねずみがねこをひっぱるぞ

ねずみが　ねこを　ひっぱるぞ　チュー！
ねこが　いぬを　ひっぱるぞ　ニャー！
いぬが　まごを　ひっぱるぞ　ワン！
まごが　おばあさんを　ひっぱるぞ　やー！
おばあさんが　おじいさんを
ひっぱるぞ　ほっ！
おじいさんが　かぶを　ひっぱるぞ　それ！

歌2　うんとこしょ　ほい

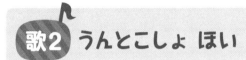

みんなで歌3、歌2を続けて歌い、歌に合わせて踊る（振付p187）。歌2はゆっくりめのテンポで、大きな声と動きで行う。

ナレーター　　**ポーン！**
大きなかぶが、ポーンと抜ける。

全員　　**やったー！　ぬけたー！**
みんなで跳びはねて喜ぶ。

ナレーター　　みんなで力を合わせたので、とうとう大きなかぶは抜けました。おじいさん、おばあさん、まごさん、いぬさん、ねこさん、ねずみさん、応援してくれたことりさんたちも、よかったね。

歌1　おおきなかぶ（2番）

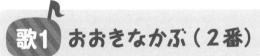

みんなで　ちからを　あわせたら
おおきな　かぶが　とれました
おいしい　おいしい　かぶだ　さあ　たべよう

全員が舞台中央に出てきて、客席に向かって並び、歌1の2番を歌いながら踊る（振付p186）。

おしまい

歌1　おおきなかぶ　　　作詞・作曲　伊藤仁美

DVD 19

1.おいしい おいしい　かぶになれ　げんきで おっきな　かぶになれ
2.みんなで ちからを　あわせたら　おおきな かーぶが　とれました

ほっぺが おちそうな　おいしい　（手拍子 手拍子）かぶに な れ
おいしい おいしい　かーぶだ　（手拍子 手拍子）さ あ たべ よう

歌❶ 振付　※p28「ビートになじむ」あそび① 連動

① ♪おいしい おいしい かぶになれ
手拍子を8つする。

② ♪げんきで おっきな かぶになれ
ひざを8つたたく。

③ ♪ほっぺが おちそうな おいしい
ほっぺたを8つタップする。

④ ♪かぶにな
手拍子を2つして、2拍分、かいぐりをする。

⑤ ♪れ
最後の3拍でバンザイのポーズをする。

歌2　うんとこしょ ほい　　　作詞・作曲　伊藤 仁美

DVD 20

うん と こしょ ほい ひっ ぱるぞー　うん と こしょ ほい ひっ ぱるぞー

1. ね　ず　み　が　　ね　こ　を　　　ひっ　　ぱ　　る　ぞ
2. い　ー　ぬ　が　　ま　ご　を　を　ひっ　ぱ　ば　る　る
3. お　ばあ　さん　が　おじい　さん　を　ひっ　ぱ　ば　る

ぞ　ぞ　ぞ　　チュー！　　ね　ー　こ　が　が　　い　ぬ　を　を　　ひっ　　ぱ　る　る　　ぞ　ぞ　ぞ　　ニャー！
ぞ　ぞ　ぞ　　ワン！　　　ま　お　じい　さん　が　おばあ　さん　をを　ひっ　ぱ　ば　る　る　ぞ　ぞ　ぞ　や一！
　　　　　ほっ！　　　お　じい　さん　が　か　ぶ　　　　ひっ　ぱ　ば　る　る　　　　　　それ！

3章
2・3歳児
3・4歳児
4・5歳児

このあと歌②「うんとこしょ　ほい」に続きます。

歌❸ 振付　　※p62「言葉と動きの重なりを楽しむ②」あそび① 連動

①
♪ねずみが　ねこを
ねずみが4回、
小さくジャンプ。

②
♪ひっぱるぞ　チュー！
3拍分手をたたき、
チュー！と鳴く。

③
♪ねこが　いぬを
ねこが4回、
小さくジャンプ。

④
♪ひっぱるぞ　ニャー！
3拍分手をたたき、
ニャー！と鳴く。

※以下、最後まで
　同様に行う。

※鳴き声に合わせて、
　ポーズをしてもよ
　いでしょう。

歌❷ 振付　　※p58「強弱の違いを楽しむ」あそび①② 連動

①
♪うんとこしょ　ほい
「うんとこしょ」でトン
トンパーンと、「手拍
子・手拍子・手を横に広
げる」の動きをする。

②
ひっぱるぞー
①と同じ動きをする。

※1回目は、メロディー通りに歌い、
　2回目は、「うんとこしょ」「ひっぱるぞー」を、
　かけ声のように言う。

※登場人物が増えるにつれて、音楽も動きも
　大きくなる。

ねずみのよめいり

日本の昔話

登場人物

- とうさんねずみ
- かあさんねずみ
- ねずみちゃん
- ねずみどん
- おひさま
- おつきさま
- 雲さん
- 風さん
- かべさん

Point！

歌はわらべうたをイメージさせる曲調でまとめています。
歌1「さがしにいこう」では、4分音符と2分音符の違い
を感じながらステップしてみましょう。

衣装

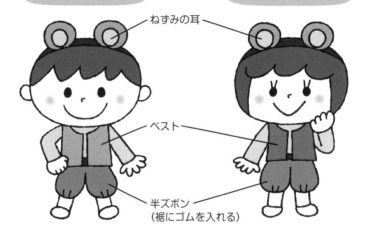

とうさんねずみ
かあさんねずみ

ねずみの耳

ベスト

半ズボン
（裾にゴムを入れる）

ねずみちゃん

ねずみの耳

ベスト

※ベスト、ねずみの耳の
作り方はp181を参照。

ねずみどん

ねずみの耳

ベスト

半ズボン
（裾にゴムを入れる）

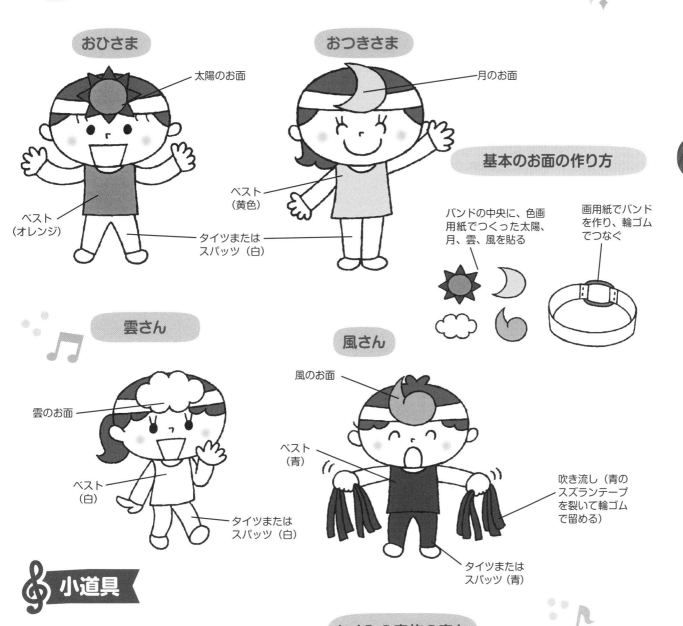

おひさま
- 太陽のお面
- ベスト（オレンジ）
- タイツまたはスパッツ（白）

おつきさま
- 月のお面
- ベスト（黄色）

基本のお面の作り方

バンドの中央に、色画用紙でつくった太陽、月、雲、風を貼る

画用紙でバンドを作り、輪ゴムでつなぐ

雲さん
- 雲のお面
- ベスト（白）
- タイツまたはスパッツ（白）

風さん
- 風のお面
- ベスト（青）
- 吹き流し（青のスズランテープを裂いて輪ゴムで留める）
- タイツまたはスパッツ（青）

小道具

かべさん

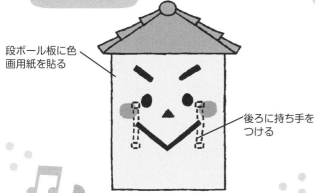

- 段ボール板に色画用紙を貼る
- 後ろに持ち手をつける

ねずみの家族の家と山（リバーシブル）

- 段ボール板の表と裏にそれぞれ家と山の絵を描き、山側に支柱をつける

舞台中央～下手側に家＆山を配置。その後ろに保育者が隠れて座る。とうさんねずみ、ねずみちゃん、かあさんねずみは舞台中央に並ぶ。ナレーターは舞台前方下手側に立つ。おひさま、おつきさま、雲さん、風さん、かべさんは下手に、ねずみどんは上手に待機。

第1場　プロローグ

ナレーター
あるところに、ねずみの家族が住んでいました。とうさんねずみ、かあさんねずみには自慢の美しい娘がいました。家族は娘にぴったりの、すばらしいお婿さんを探しています。

とうさんねずみ
どこかに、うちの娘にいいお婿さんはいないかなあ。
舞台を歩きまわって、探すしぐさをする。

かあさんねずみ
世界で一番えらいひとがいいわ。探しにいきましょう。

ねずみちゃん
おとうさん、おかあさん。私も一緒に行きたいわ。

ナレーター
ねずみの家族は、ねずみちゃんのお婿さんを探す旅に出ました。
保育者はセットを裏返して、山側を客席に向ける。

第2場　おひさまに会いに行く

全員で歌1を歌う。ねずみの家族は、歌に合わせて踊る（振付p196）。

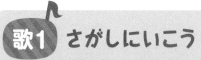

歌1　さがしにいこう

さがしにいこう　さがしにいこう
のこえ　やまこえ　たにこえて
さがしにいこう　さがしにいこう
せかいでいちばん　えらいひと

歌い終わった頃、下手からおひさまが登場。

ねずみちゃん
こんにちは、おひさま。

かあさんねずみ
こんにちは、みんなを照らしてくれる
世界で一番えらいおひさま。

とうさんねずみ
どうか、うちのかわいい娘を
お嫁さんにもらってください。

おひさま
ねずみさん、ありがとう。
でも私は世界で一番えらいひとではないんだ。

ねずみの家族
え――！
ねずみの家族は、手を上げて驚く。

〈舞台設定〉
🐭…とうさんねずみ　☀…おひさま
🐭…かあさんねずみ　🌙…おつきさま
🐭…ねずみちゃん　☁…雲さん
🐭…ねずみどん　🌀…風さん
🔍…ナレーター　🏠…かべさん

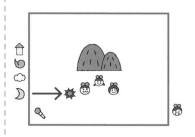

おひさま	私は昼間は世界を照らすことができる。 でも、夜にはあの方がいらっしゃるんだ。
とうさんねずみ	あの方とは？ では、世界で一番えらいひとは誰ですか？
おひさま	それは、おつきさまだよ。 真っ暗な夜を照らしてくださる。
ねずみの家族	なるほどー！ ねずみの家族は片手をグー、片手をパーにして、手を打つ動作をする。
ねずみちゃん	ありがとうございます、おひさま。 3人はおひさまに手を振る。おひさまは上手に退場。

第3場　おつきさまに会いに行く

全員で、おひさまを探しに行くときより、少しゆっくりのテンポで歌う。ねずみの家族は、テンポに合わせて踊る。歌い終わった頃、下手からおつきさまが登場。

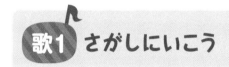

歌1　さがしにいこう

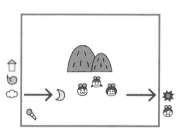

ねずみちゃん	こんにちは、おつきさま。
かあさんねずみ	こんにちは、世界で一番えらいおつきさま。
とうさんねずみ	どうか、うちのかわいい娘を お嫁さんにもらってください。
おつきさま	ねずみさん、ありがとう。 でも私は世界で一番えらいひとではないのです。
ねずみの家族	え――！ ねずみの家族は、手を上げて驚く。
おつきさま	私は夜を明るく照らすことができる。 でも、あの方が来ると、私は隠れてしまうのです。
とうさんねずみ	あの方とは？ では、世界で一番えらいひとは誰ですか？

おつきさま	それは、雲さんです。大きな体でふわりふわりと浮いて、空いっぱいに広がります。
ねずみの家族	なるほどー！ ねずみの家族は片手をグー、片手をパーにして、手を打つ動作をする。
ねずみちゃん	ありがとうございます、おつきさま。 3人はおつきさまに手を振る。おつきさまは上手に退場。

第4場　雲さんに会いに行く

全員で、おつきさまを探しに行くときより、少し速いテンポで歌う。ねずみの家族は、テンポに合わせて踊る。歌い終わった頃、下手から雲さんが登場。

歌1　さがしにいこう

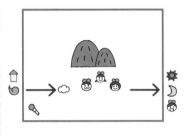

ねずみちゃん	こんにちは、雲さん。
かあさんねずみ	こんにちは、世界で一番えらい雲さん。
とうさんねずみ	どうか、うちのかわいい娘を お嫁さんにもらってください。
雲さん	ねずみさん、ありがとう。 でも私は世界で一番えらいひとではないのです。
ねずみの家族	え——！ ねずみの家族は、手を上げて驚く。
雲さん	大きな体でふわりと浮くことはできる。 でもあの方が来ると、私は飛ばされてしまうよ。
とうさんねずみ	あの方とは？ では、世界で一番えらいひとは誰ですか？
雲さん	それは、風さんだよ。 フーッとひとふきして、なんでも飛ばしてしまう。
ねずみの家族	なるほどー！ ねずみの家族は、手を打つ動作をする。
ねずみちゃん	ありがとうございます、雲さん。 3人は雲さんに手を振る。雲さんは上手に退場。

第5場　風さんに会いに行く

全員で一番速いテンポで歌う。ねずみの家族は、テンポに合わせて踊る。歌い終わった頃、下手から風さんが登場。

歌1 さがしにいこう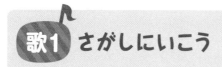

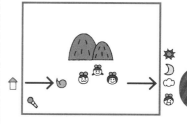

3章

2-3歳児

3-4歳児

4-5歳児

ねずみちゃん	こんにちは、風さん。
かあさんねずみ	こんにちは、世界で一番えらい風さん。
とうさんねずみ	どうか、うちのかわいい娘を お嫁さんにもらってください。
風さん	ねずみさん、ありがとう。 でも、ぼくは世界で一番えらいひとではないんだ。
ねずみの家族	えーー！ ねずみの家族は、手を上げて驚く。
風さん	フーッとひとふきで、なんでも飛ばせるよ。 でも、あの方は、びくともしない。
とうさんねずみ	あの方とは？ では、世界で一番えらいひとは誰ですか。
風さん	それは、かべさんだよ。ドーンと大きな体でどっしりと立っているよ。
ねずみの家族	なるほどー！ ねずみの家族は手を打つ動作をする。
ナレーター	みんなも一緒に！ 客席に呼びかける。
ねずみの家族 と観客	なるほどー！ 片手をグー、片手をパーにして手を打つ動作をする。
ねずみちゃん	ありがとうございます、風さん。 3人は風さんに手を振る。風さんは上手に退場。

第6場　かべさんに会いに行く

全員で強く、ゆっくりしたテンポで歌う。ねずみの家族は、テンポに合わせて踊る。歌い終わった頃、下手からかべさんが登場。保育者が背後に隠れて移動させる。

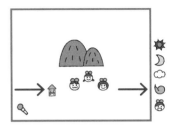

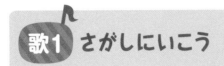

歌1　さがしにいこう

ねずみちゃん	こんにちは、かべさん。
かあさんねずみ	こんにちは、世界で一番えらいかべさん。
とうさんねずみ	どうか、うちのかわいい娘を お嫁さんにもらってください。
かべさん	ねずみさん、ありがとう。 でも、ぼくは世界で一番えらいひとではないんだ。
ねずみの家族	え———！ 3人は手を上げて驚く。
かべさん	ドーンと大きな体が自慢だよ。 でも、あの方たちにかじられたら、おしまいだ。
とうさんねずみ	あの方とは？ では、世界で一番えらいひとは誰ですか。
かべさん	それは、君たち、ねずみさんだよ。 ねずみさんにガリガリかじられたら、おしまいだ。
ねずみの家族	え———！　なるほどー！ 驚いたあとに、ねずみの家族は手を打つ動作をする。
ナレーター	みんなも一緒に！ 客席に呼びかける。
ねずみの家族 と観客	なるほどー！ 手を打つ動作をする。
ねずみちゃん	ありがとうございます、かべさん。 3人はかべさんに手を振る。かべさんは上手に退場。
とうさんねずみ	われわれねずみが、世界で一番えらかったとは！
かあさんねずみ	さあ、ではお家に帰りましょう。

第7場　エピローグ

ねずみの家族、歩くテンポでその場で足踏みしながら腕を大きく振って歌う（振付p196）。

歌1　おうちにかえろう
（メロディーは歌1と同じ）

おうちにかえろう　おうちにかえろう
のこえ　やまこえ　たにこえて
おうちにかえろう　ぼくたちねずみが
せかいでいちばん　えらいひと

ナレーター　世界で一番えらいのはねずみだと知り、3人はとてもうれしくなり、スキップして帰りました。
保育者はセットを裏返して、家側を客席に向ける。ねずみの家族は下手に退場し、再登場。ねずみどんが上手から登場。

とうさんねずみ　ただいまー。おや？　あそこに町一番の強くて元気な、ねずみどんがいるぞ。

ねずみちゃん　こんにちは、ねずみどん。

ねずみどん　こんにちは。おや？　なんとかわいいねずみちゃんなんだろう。どうか、ぼくのお嫁さんになってください。

ねずみちゃん　まあ、うれしいわ。よろこんで！
全員、舞台に登場して歌いながら踊る（振付p197）。

歌2　みんなそれぞれいいところ

みんな　それぞれ　いいところ
もってるんだ　えらいな
きょうは　とっても　めでたいひ
みんなで　おいわいだ

ナレーター　こうして、ねずみどんとねずみちゃんはいつまでも幸せにくらしましたとさ。

おしまい

挿入歌

歌1 さがしにいこう／おうちにかえろう

作詞・作曲／国立音楽大学
幼児音楽指導者コース
補作／伊藤 仁美

歌❶ 振付

※登場人物によってテンポとダイナミクスを変え、違いを楽しみましょう。
『おうちにかえろう』も同じ動きで、ふつうのテンポで行います。p70〜72「ダイナミクスの違いを表現する」あそび①②③ 連動。

❶
♪さがしにいこう
　さがしにいこう

大きく手を振って、
4分音符で
8歩歩く。

❷
♪のこえ　やまこえ
　たにこえて

探す身振りをしながら、
2分音符で4歩歩く。

❸
♪さがしにいこう
　さがしにいこう

大きく手を振って、
4分音符で
8歩歩く。

❹
♪せかいで　いちばん
　えらいひと

探す身振りをしながら、
2分音符で3歩歩き、
4歩目にバンザイを
する。

みんなそれぞれ いいところ　作詞・作曲／国立音楽大学 幼児音楽指導者コース

DVD 23

みん な それぞれ いい と ころ　もっ て るん だ え ら い な

きょ う は とっ て も め で た い ひ　み ん な で お い わ い だ

3章

2〜3歳児

3〜4歳児

4〜5歳児

歌❷ 振付　※p102「チャチャチャのリズムを楽しむ」あそび② 連動。

❶ ♪みんな それぞれ
4拍分、手を顔の横で
キラキラさせる。

❷ ♪いいところ
チャチャチャと
3つ手をたたく。

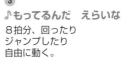

❸ ♪もってるんだ えらいな
8拍分、回ったり
ジャンプしたり
自由に動く。

❹ ♪きょうは とっても
4拍分、手を顔の横で
キラキラさせる。

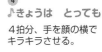

❺ ♪めでたいひ
チャチャチャと
3つ手をたたく。

❻ ♪みんなで
4拍分、回ったり
ジャンプしたり
自由に動く。

❼ ♪おいわいだ
チャチャと2つ手をた
たき、最後の拍でバン
ザイのポーズをする。

4-5 アリババと盗賊たち

アラビアの説話「千夜一夜物語」より

登場人物

- アリババ
- カシム
- モルジアナ
- 盗賊
- 村の人

Point!

ストーリーがテンポよく展開します。歌は2曲ですが、場面に合わせて異なったリトミック活動を取り入れています。「戦いの場面」では、ターティティのリズムに合わせて、アリババたちと盗賊たちが前後に進みます。力強くステップすると、物語のクライマックスが盛り上がります。

衣装

アリババ

バンダナを頭に巻き、正面に工作用紙などで作った飾りを貼る

ベスト（茶系）

長ズボン（白、裾にゴムを入れる）

カシム

長めのベスト（布テープで模様を貼りつける）

モルジアナ

カラフルなリボンなど

長ズボン（濃い色、裾にゴムを入れる）

スカーフ（腰に垂らす）

※ベストの作り方は、p181を参照。

198

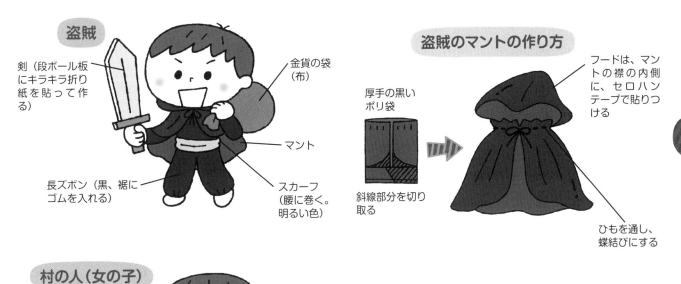

盗賊

剣（段ボール板にキラキラ折り紙を貼って作る）

金貨の袋（布）

マント

長ズボン（黒、裾にゴムを入れる）

スカーフ（腰に巻く。明るい色）

盗賊のマントの作り方

厚手の黒いポリ袋

斜線部分を切り取る

フードは、マントの襟の内側に、セロハンテープで貼りつける

ひもを通し、蝶結びにする

3章

2-3歳児

3-4歳児

4-5歳児

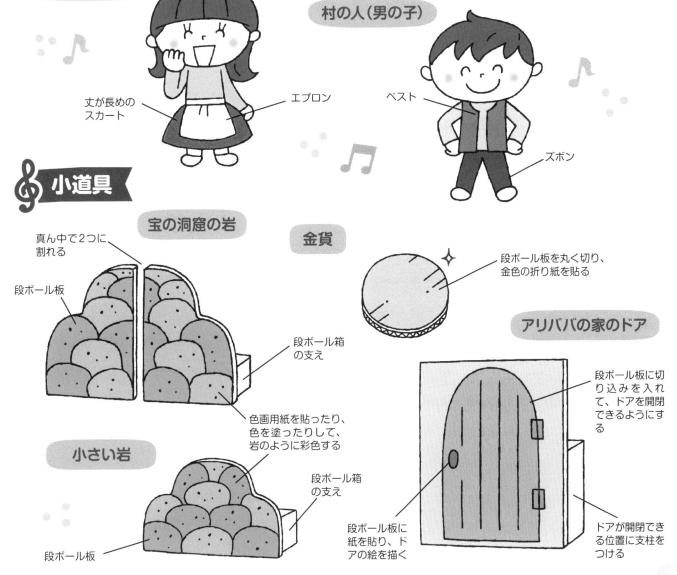

村の人（女の子）

丈が長めのスカート

エプロン

村の人（男の子）

ベスト

ズボン

🎼 小道具

宝の洞窟の岩

真ん中で2つに割れる

段ボール板

段ボール箱の支え

色画用紙を貼ったり、色を塗ったりして、岩のように彩色する

小さい岩

段ボール板

段ボール箱の支え

金貨

段ボール板を丸く切り、金色の折り紙を貼る

アリババの家のドア

段ボール板に切り込みを入れて、ドアを開閉できるようにする

段ボール板に紙を貼り、ドアの絵を描く

ドアが開閉できる位置に支柱をつける

 **脚本**

舞台中央に宝の洞窟の岩を配置。その後ろに保育者2名が隠れる。下手には小さい岩を置く。舞台中央にアリババ、カシム、モルジアナが立つ。下手に油売り（盗賊）のマントを用意。上手に盗賊たちが待機。

第1場　プロローグ

ナレーター　昔、ペルシャの国に3人の兄弟が住んでいました。真面目で働き者のアリババ、少しずるいお兄さんのカシム、そして賢くてやさしい妹のモルジアナ。3人は村の人たちとなかよく暮らしていました。
アリババ、カシム、モルジアナが歌いながら踊る（振付p206）。

 歌1　アリババと盗賊たち

むかしむかし　ペルシャのくにに
アリババかぞくが　おりました
これから　はじまる　おはなしは
ふしぎな　せかいが　ひろがります

アリババ　大変だ！　あっちに恐ろしい盗賊たちがいるぞ。
アリババ、カシム、モルジアナは上手を指さす。

モルジアナ　こっちにやって来るわ。

カシム　さあみんな、あの岩に隠れよう。
アリババ、カシム、モルジアナは急いで下手の岩に隠れる。上手から盗賊たちが登場。宝の洞窟の岩の前で止まる。

盗賊1　は──っははは。お宝をたっぷりしまってある、ほらあなに着いたぞ。

盗賊2　今日も、村のやつらからいただいた金貨で、おいしいものをたらふく食べよう。
「ひらけー、ゴマ！」
盗賊たち、「ひらけー、ゴマ！」に合わせて両手を上げてポーズをとる。保育者が左右に岩を開き、ばらまいた金貨を見せる。

盗賊3　へっへっへ、金貨はたっぷりあるぞ。

盗賊2　さ、持っていくとしよう。
盗賊たちが歌いながら踊る（振付p207）。

歌2　盗賊の歌

おれたちは　とうぞくだ　ヘーイヘイホホー
きょうもまた　たくさんの
たからみつけた　オー！

〈舞台設定〉

😊…アリババ　　🗡…盗賊
😊…モルジアナ　👥…村の人
😊…カシム　　　🎤…ナレーター

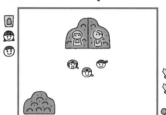

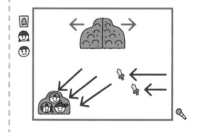

盗賊たち	は――っははは！　いっぱい詰めるぞ。 は――っははは！

盗賊たちは、袋に金貨を詰める。
金貨を詰め終わり、洞窟の外に出たタイミングで、保育者は洞窟の岩の扉を閉める。盗賊たち、袋を持って笑いながら上手に退場。
アリババ、カシム、モルジアナが隠れていた岩から出てくる。

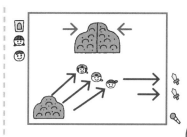

アリババ	とんでもないものを、見てしまったぞ。
モルジアナ	村の人たちは、お金を盗まれて苦しんでいるのに……。
アリババ	村に帰って、みんなにこのことを伝えよう。 アリババ、カシム、モルジアナは下手に退場。

第2場　カシムの悪だくみ

ナレーター	次の日、カシムは、1人で宝の洞窟に来ました。ずるいことをしないといいのですが……。さあ、様子を見てみましょう。 カシムが舞台下手より登場、宝の洞窟の岩の前で止まる。
カシム	ははーん。このほらあなに宝の金貨が隠してあるのか。よーし。「ひらけー、ゴマ！」 洞窟の岩の扉に向かって、盗賊と同じ動作をする。 保育者は岩を左右に開く。

うわー。こんなに宝物があるぞ。やったー、全部ぼくのものだ！
カシム、袋の中に金貨を入れる。金貨を詰め終わったタイミングで、保育者は洞窟の岩の扉を閉める。

こんなにたくさん宝をもらったぞ。さあ、村に帰ろう。えっと…扉をあけるおまじないは……。
「ひらけ、こんぶ！」　あれ？　あかないぞ。そうだ、
「ひらけ、ピーナッツ！」　あれ、どうしよう……。

ナレーター	カシムは洞窟から出られなくなってしまいました。
盗賊たち	は――っははは！ 上手袖にいる盗賊たち、笑い声を立てる。
ナレーター	カシム、大変！　盗賊たちが戻ってきたよ。隠れて！
カシム	あの声は？　まずい、盗賊たちが帰ってきた！隠れなきゃ。 カシム、宝の袋を抱えて洞窟のはじに座り込む。盗賊たち、笑いながら洞窟の前に歩いてくる。客席を向いて歌いながら踊る。

歌2　盗賊の歌

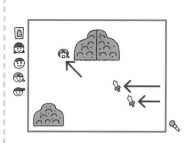

盗賊たち	今日もお宝をいただくとしよう。 「ひらけー、ゴマ！」 盗賊たち、「ひらけー、ゴマ！」に合わせてポーズをする。保育者は左右に岩を開く。盗賊たち、うずくまっているカシムを見つける。
盗賊たち	だ、だれだ？　おまえは？
カシム	どうしよう、盗賊たちに見つかってしまった。 カシムは、洞窟から逃げようと走り出す。
盗賊1	おれたちの宝を盗みに来たな！ 許さないぞ、待てー！ 盗賊1、カシムを追いかける。
カシム	助けてー！
盗賊2	捕まえた！　いいか、ここでおとなしくしていろ。 盗賊2がカシムを捕まえ、洞窟の中に座らせる。
盗賊たち	はーっはははは！　はーっはははは！ 盗賊、笑いながら上手に退場。カシムはそのままうずくまっている。保育者は洞窟の岩の扉を閉める。

第3場　アリババたち、カシムを助ける

ナレーター	どうしよう、カシムが盗賊につかまってしまいました。その頃、村ではアリババたちがカシムを心配していました。 アリババ、モルジアナ、下手より登場。
アリババ	おかしいなあ。カシム兄さんが帰ってこない。いったいどこに行ったんだろう。
モルジアナ	もしかして……。カシム兄さん、あの宝のある洞窟に行ったんじゃないかしら。心配だわ……。
アリババ	カシム兄さんならやりそうだ。わかった、村のみんなで様子を見に行こう。 アリババ、モルジアナ、下手に退場。村の人々を引き連れて、下手より再び登場。舞台中央の宝の洞窟まで歩き、止まる。
アリババ	宝の洞窟に着いたぞ。
村の人1	でも、扉が閉まっているよ。

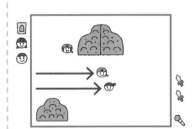

モルジアナ	確か、「ひらけー、なんとか」って言うと、扉が開いたような……。 全員でおまじないを思い出そうとするしぐさをする。
ナレーター	みんな、おまじないの言葉を 教えてあげてくれる？ 客席に呼びかける。
アリババ	「ゴマ！」の声が聞こえたら、客席に向けて言う。 教えてくれてありがとう！
アリババ、 モルジアナ、 村の人	せーの！　「ひらけー、ゴマ！」 扉の前で「ひらけー、ゴマ！」に合わせてポーズをする。 保育者は岩を開く。アリババたち、うずくまっているカシムを 見つける。
カシム	うううう。アリババ……。 全員、カシムに駆け寄る。
アリババ	カシム兄さん、大丈夫？　今すぐに助けるからね。
モルジアナ	ここにある宝石に金貨……、すべて村の人たちから盗んだものね。 モルジアナは、洞窟の中を見渡す。
村の人2	あ！　これはおじいさんが大切にしていた宝物だ。
アリババ	持って帰って、村の人たちに返そう。
カシム	早く！　急いでここを出ないと盗賊が戻ってくるよ。 全員、宝物を持って急いで洞窟を出て下手に退場。
ナレーター	こうして無事カシムは助けられ、みんなは急いで 村に帰りました。

 歌2　盗賊の歌

上手から盗賊たちが登場し、歌いながら踊る。

3章

2-3歳児

3-4歳児

4-5歳児

盗賊1	おや？　ほらあなの扉があいているぞ。

盗賊たち、おそるおそる洞窟の中を見る。

盗賊2	やつがいない！　さては、逃げたな。

盗賊3	大変だ！　宝石や金貨もなくなっている！

盗賊1	よーし。村に行って、仕返しをしてやろう。

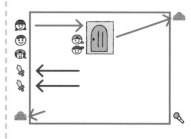

盗賊たちは興奮しながら下手に退場。マントを着け、フードをかぶって次の出番を待つ。保育者は宝の洞窟の岩を上手袖へ移動。別の保育者がアリババの家のドアを下手から舞台に出し、小さな岩を下手へ下げる。アリババとモルジアナもドアの後ろに隠れて舞台へ。

第4場　村のお祭り

ナレーター	今日は村のお祭りです。これからアリババの家でパーティーが始まります。おや？　見慣れない人たちが来ましたよ。

油売りに扮した盗賊たちが下手から登場。アリババの家のドアをたたく。

盗賊1	こんにちは、私は油を売っている者です。少し疲れたので、ここで休ませてくれませんか。

アリババ	いいですよ。村はお祭りだから、お客さんは大歓迎です。中にお入りください。

アリババ、ドアを開ける。

アリババ	油売りさん、ここにお座りください。これから村の人たちの歓迎の踊りが始まります。

アリババは、舞台中央で油売りに座るよう促す。村の人とカシムは下手より舞台中央へ。アリババ、カシム、モルジアナ、村の人たちは、歌いながら油売りをもてなす歓迎の踊りを踊る（振付p206）。

歌1　アリババと盗賊たち（2番：お祭りバージョン）

きょうは　たのしい　おまつりだ
みんなで　おどろう　うたおうよ
ラララララララ　ルルルルル
ふしぎな　せかいが　ひろがります

歓迎の踊りが終わる少し前に、盗賊たちはフードを脱ぐ。曲が終わったらすぐに、隠していた剣を出してアリババに切りかかろうとする。

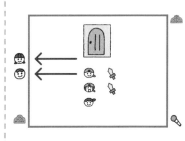

盗賊たち	えーい！ アリババは察して身をひるがえす。
村の人たち	キャー！　助けて！ 村の人たち、叫びながら下手に退場する。
アリババ	あ！　盗賊たちだ！
盗賊たち	よくもおれたちの宝を盗んだな！ こらしめてやるー！
アリババ	やっぱり盗賊だったのか、のぞむところだ！ あれは村の人たちの宝物だ！

 **歌2　盗賊の歌
（2番：戦いの歌バージョン）**

歌2の戦いの歌バージョンで踊る（振付p207）。アリババたちが下手、盗賊たちが上手。最初は盗賊たちが攻め、次にアリババたちが攻める。
曲の終わりに盗賊たちは降参し、舞台中央に座り込む。アリババ、カシム、モルジアナはその後ろに立つ。

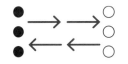

「はないちもんめ」のように舞台で縦一列になり、向かい合って並ぶ。

アリババ	どうだ！ 二度と悪いことをしないと、誓うか？
盗賊たち	誓います。ごめんなさい。 盗賊たちは、うなだれて言う。
ナレーター	こうして、盗賊たちは悪いことをやめ、本当の油売りになりましたとさ。

 **歌1　アリババと盗賊たち
（2番：お祭りバージョン）**

前奏で村の人たちが下手より登場。前列にアリババ、カシム、モルジアナ、2列目に盗賊たち、3列目に村の人たちが並んで全員で歌って踊る（振付p206）。

おしまい

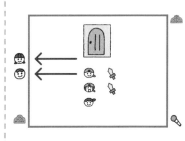

3章

2-3歳児

3-4歳児

4-5歳児

挿入歌

歌1 アリババと盗賊たち

作詞・作曲 伊藤仁美

DVD 24

1. む か し む か し　ペ ル シャ の く に に　アリババかぞくが　おりました　これからはじまる
2. きょうはたのしい　おまつりだーー　みんなでおどろう　うたおうよ　ラ ラ ラ ラ ラ ラ ラ ラ ラ ラ

お　は　な し は　ふ し ぎ な せ か い が　ひ ろ が り ま　す
ル　ル　ル ル　ふ し ぎ な せ か い が　ひ ろ が り ま　す

歌❶ 振付

※p92「ターティティのリズムに親しむ」あそび③ 連動

①
♪むかしむかし
　ペルシャのくにに
手を腰にあてて
ひざを曲げる
（4回）。

②
♪アリババかぞくが
　おりました
ひざをターティティ
（♪♫）と軽くたたく
（4回）。

③
♪これから
　はじまる
8分音符で小走
りする。その場で
足踏みするので
もよい（8歩）。

④
♪おはなしは
4分音符で
手拍子をする
（4回）。

⑤
♪ふしぎなせかいが
ひざをターティティ
（♪♫）と軽くたたく
（2回）。

⑥
♪ひろがりま
手を大きくパッと
広げる。

⑦
♪す
手をキラキラさせる。

歌2　盗賊の歌

作詞・作曲 こども教育宝仙大学
2018年度伊藤ゼミ
補作 伊藤仁美

1.～2.おれたちは　とうぞくだ　ヘーイヘイホホー

1.きょうもまた　たくさんの　たからみつけた　オー！
2.たからもの　とりかえすぞ　みんなのためーに　オー！

3章

2-3歳児

3-4歳児

4-5歳児

歌❷ 1番振付

※p118「ジェンカのリズムに親しむ」あそび① 連動

① ♪おれたちはとうぞくだ
右足を強く出して戻す
（2回）。

② ♪ヘーイヘイホホー
左足を強く出して戻す
（2回）。

③ ♪きょうもまたたくさんの
前に2つ跳び、
後ろに2つ跳ぶ。

④ ♪たからみつけた
前に3つ跳ぶ。

⑤ ♪オー！
片手をグーにして
つきあげる。

歌❷ 2番振付　戦いの歌バージョン

※2番の歌詞に合わせて踊ります。p91「ターティティのリズムに親しむ」あそび② 連動

前半は盗賊たちが「ター（♩）」のステップで、下手のアリババたちに向
かって進む。アリババたちは片ひざを立てて座り、「ティティ（♫）」で
2つひざをたたく。

後半は、アリババたちが立ち上がり、「ター（♩）」のステップで盗賊
たちに向かって上手へ進む。盗賊たちは、押されるように1歩ずつ下
がり、最後は降参して座り込む。アリババたちは勝利のポーズ。

207

【著者】

神原雅之（かんばら・まさゆき）

京都女子大学教授、NPO法人リトミック研究センター会長。
広島県出身。国立音楽大学卒業、広島大学大学院学校教育研究科修了（教育学修士）。これまでに広島文教女子大学教授、国立音楽大学教授・副学長などを歴任し、2018年から現職。『こどもちゃれんじ』（ベネッセコーポレーション）のリトミック監修も担当。主な著書に『改訂 幼児のための音楽教育』（共著、教育芸術社）、『子どものためのリトミックde発表会』（共著、明治図書出版）、『リズム＆ゲームにどっぷり！リトミック77選』（明治図書出版）、監修に、『楽器ビジュアル図鑑（第6巻）』（ポプラ社）ほか多数。

伊藤仁美（いとう・さとみ）

国立音楽大学音楽文化教育学科准教授。
横浜市出身。国立音楽大学卒業、同大学大学院音楽教育学専攻修了。こども教育宝仙大学、宝仙学園幼稚園（リトミック講師）等を経て2018年より現職。保育者のための音楽表現講座を数多く行っている。共著に『学びがグーンと充実する！小学校音楽 授業プラン＆ワークシート 低学年編・中学年編』（津田正之・酒井美恵子編著、明治図書出版）、監修に「豊かな音楽表現を育てる幼児のリトミック」（DVD全3巻、新宿スタジオ）等がある。

DVD撮影協力　宝仙学園幼稚園

カバー・DVDデザイン	坂野由香（株式会社リナリマ）	DVD撮影協力	WU MANLING	
カバー・DVDイラスト	たはらともみ		葛西健治（こども教育宝仙大学）	
本文デザイン	宍戸麻里子（株式会社ATC）	DVD撮影・編集	株式会社新宿スタジオ	
本文イラスト	坂本直子、とみたみはる、中小路ムツヨ、ヤマハチ	DVD製作	株式会社ケーエヌコーポレーションジャパン	
楽譜浄書	中村孝志			
楽譜校正	白日 歩			
本文校正	有限会社くすのき舎			
編集協力	株式会社エディポック、小田島誓子			
編集	西岡育子			

1〜5歳児がよろこぶ
保育ではじめてリトミック

2021年6月　初版第1刷発行
2022年9月　　　第2刷発行

著　者	神原雅之・伊藤仁美
発行人	大橋 潤
編集人	竹久美紀
発行所	株式会社チャイルド本社
	〒112-8512　東京都文京区小石川5-24-21
	電話　03-3813-2141（営業）
	03-3813-9445（編集）
	振替　00100-4-38410
印刷・製本	図書印刷株式会社

チャイルド本社のウェブサイト
https://www.childbook.co.jp/
チャイルドブックや保育図書の情報が盛りだくさん。どうぞご利用ください。

©Masayuki Kambara, Satomi Ito. 2021 Printed in Japan
ISBN978-4-8054-0295-5
NDC376　26×21cm　208P
日本音楽著作権協会（出）許諾第2102479-202号